対談・イギリス人の大記者と熱く語る

ヘンリー・S・ストークス

日本が果たした人類史に輝く大革命

――「白人の惑星」から「人種平等の惑星」へ

植田剛彦

まえがき

ヘンリー・S・ストークス

四年前の十二月に、日本国民を戦後七十年にわたって呪縛してきた『連合国戦勝史観の虚妄』（祥伝社新書）を発表して、予期しなかった大きな反響を呼んだ。

私は一九六〇年代から、英『フィナンシャル・タイムズ』、『ロンドン・タイムズ』、米『ニューヨーク・タイムズ』紙の日本・アジア特派員として、日本を報道してきた。

このあいだ、いわゆる〝南京大虐殺〟をはじめとして、マッカーサーが日本占領下で演出した「極東国際軍事裁判」、いわゆる東京裁判が、一部始終、虚偽にみちたものであり、日本が侵略国家であったどころか、数世紀にわたって、白人による植民地支配のもとで苦しんでいたアジアを解放した、歴史的におおいに賞賛するべき偉業を果たしたことを、理解するようになった。

日本の国民に、目をしっかりと見開いて、歴史の真実を学び、誇りある祖国を取り戻すことを、強く促したい。

いま、世界は大きな変革期を迎えている。イギリスは、国民投票で欧州連合（EU）離脱が決まり、政府はEUとの離脱交渉に入り、アメリカではトランプ大統領が誕生した。

ロシアのプーチン大統領は、「核の使用」も考えたと述べ、日本との間に「領土問題は存在しない」とも語っている。中国は、オランダ・ハーグの国際仲裁裁判所の裁定に従わず、南シナ海に軍事基地を着々と建設している。

世界の大国が、自国の利益を最優先《ファースト》に動きだしている。

そのような国際情勢のただ中にあって、相手の都合を慮《おもんぱか》ったり、阿諛追従《あゆついしょう》ばかりしていては、日本は国益を守ることができない。

アメリカはアメリカの立場で、中国は中国の、韓国は韓国の、日本は日本の立場でものを言う。当然それらは食い違う。

外交は非情なもので、世界とはそういうものです。

日本だけが物わかりのいい顔をしていたら、精神を侵略されてしまい、たちまち付け込まれてしまいます。日本が生存するために、一日も早く目覚めてほしいと思う。

植田氏は多年の畏友であり、私が三島由紀夫氏と親しかったことから、三島氏との交友についてたずねたいというのが、出会いのきっかけだった。私はほどなく、日本の近代史のよき解説者で、また、西洋文化について豊かな知識を身につけていることを知った。

植田氏は、私がクエーカー教徒であることを知ると、数多くのキリスト教諸派があるのにもかかわらず、「瞑想《めいそう》と黙思《もくし》が柱になっているから、日本の禅宗に近いですね」と言った。私が日本を身近に感じるようになったのも、きっと、クエーカー教徒であったためなのだろう。

植田氏は「今日の日本が、明治以来の輝かしい歴史と、アジアに類をみない、尊い伝統文化を忘れて、経済的な欲望のみにとりつかれて、繁殖数がもっとも多い動物がすべてを決めるべきだという、動物的な国になった」と言ったが、同感だった。

植田氏は才気溢れた、ユーモアの持主でもある。私は、心から楽しみつつ、日本がとるべき道について、大いに実りのある対談が出来たと思う。

この対談は、翻訳者の藤田裕行氏の助けなしに、出来えなかった。感謝したい。

二〇一七年二月

日本が果たした　人類史に輝く大革命

——「白人の惑星」から「人種平等の惑星」へ

日本が果たした人類史に輝く大革命
「白人の惑星」から「人種平等の惑星」へ

目次

第七章　日本の再生に向けて、過去を脱却し力強い未来を築け！　145

ヘンリー・S・ストークス

『ニューヨーク・タイムズ』
『ロンドン・タイムズ』
『フィナンシャル・タイムズ』各元東京支局長

撮影：ブルース・オズボーン

「東京裁判は復讐劇」「南京虐殺はなかった」と主張した欧米のジャーナリストはかつていなかった。私が初めて言った。私は公平《フェア》でありたかったのです。

植田《うえだ》 剛彦《たかひこ》

評論家
マスコミ研究会代表

撮影：江口　拓

黒人のオバマ大統領が登場したのは、先の大戦で日本が、大きな犠牲を払って、欧米が数百年間支配していた植民地を一掃し、人種平等の理想の世界をつくり出したからです。

第一章　日本よ、目覚めなさい！

――連合国戦勝史観の呪縛からの脱却

ストークス　私が、日本でジャーナリストとして仕事を始めてから五十年余、半世紀以上になります。最初に来日したのは、東京オリンピックが開催された一九六四年でした。フィナンシャル・タイムズ紙が、日本に初めて支局を開設したのと同時に、初代の東京支局長になりました。

その後、ロンドン・タイムズ紙、そしてニューヨーク・タイムズ紙の東京支局長を務めましたが、いまでは現役の外国人ジャーナリストとしては、日本外国特派員協会で最古参のメンバーとなってしまいました。

植田　フィナンシャル・タイムズ紙といえば、日本経済新聞が〝師〟として仰いできた新聞ですね。世界でもっともクオリティーが高い新聞だといわれてきました。

日本経済新聞社が、フィナンシャル・タイムズ紙を巨額を投じて買収しましたが、どうしてそんなことをしたのか、私にはよく分かりません。業界を知る口さがない人たちは、千四百億円ともいわれる大金を投じて、何か得るものがあるのか。下手な買い物をした、自ら墓穴を掘ったと、辛辣《しんらつ》に批判しています。

そもそも、提携とか買収は、双方の利益と思われがちですが、あくまでも自社の利益を目論んでのことであり、今日、新聞が電子版とか、メディアの形態が変わったからといって、その本来の目的には変わりはありません。

新聞はローカルなもので、東西の二つのローカルな新聞が一緒になったからといって、得るものはないはずです。

適例をあげると、台湾の鴻海《ホンハイ》精密工業公司が、日本の電機メーカーのシャープの株式を九〇パーセント買収しました。双方の長所を補い、発展に寄与するという目的でした。しかし、台湾の企業とはいえ、拠点を中国に置いているので、中国共産党寄りに傾斜せざるを得ず、また企業風土がまったく違うため、当初の約束、たとえば、工場立地、人事権など多くの点で齟齬《そご》が生じ、シャープの思惑は外れ、先行きに不安が生じています。

さらに飛躍して言えば、いま日本とロシアは、領土問題（北方四島）で主権と帰属をめぐって、また、経済協力、平和条約について交渉に入りました。しかし、日ソ中立条約の例があります。条約期間がまだ一年も残っているにもかかわらず、一九四五（昭和二十）年八月八日に、ソ連は条約を破り、満州および南樺太の国境を突破して、日本を攻撃しました。国際関係とは非情なものです。国際条約や、同盟は危ういもので、国益優先が常です。

ストークス　イギリスで生まれ育った私は、幼少のころから、日本人は野蛮で残酷な民族であると、さんざん聞かされていました。戦後になっても、日本のおかげでアジアの植民地をすべて失ったイギリスの、日本に対する憎悪感は消えるどころか、募《つの》る一方でした。しかし、そんな環境の中にあっても、ストークス家は、日本を憎む気持ちはほとんどありませんでした。

なぜなら、私の父が名古屋大学の教授に招請《しょうせい》される話もあったりしたため、実は親日的でした。

植田　それは、ストークス家はともかく、当時の日本人が、『鬼畜米英』と聞かされていたのと同じことですね。

ストークス　ですから、来日当初は東京裁判（極東国際軍事裁判）が裁いた「日本＝戦争犯罪国家」、「南京大虐殺」についても、事実であると単純に信じて、何の疑いもありませんでした。

しかし、日本に滞在する間に、連合国からの視点でもなく、日本からの視点でもない第三者的視点で、二十世紀の日本と、アジアの歴史を俯瞰《ふかん》したとき、そうした見方が誤りであることに気付いたのです。

知日派、親日派といわれる欧米人は多くいますが、東京裁判や南京事件について、真実に眼をつむることなく書いている人はほとんどいません。私は多くの日本の友人たちのお蔭で、真実を知ることができるようになりました。三島由紀夫氏との親交を得たことも大きかったと思います。

〝東京裁判は勝者の復讐劇〟だった
——既成概念に挑戦した最初の欧米ジャーナリスト

植田　私は日本国民の一人として、ストークスさんに深い敬意を表します。

ここでいう日本国民とは、いま生きている日本人だけではありません。幕末から今日まで、生を享けた日本人と、これから生まれてくる日本人の全員です。

ストークスさんは、近代の日本の歴史と真摯《しんし》に向きあって、偏ることなく、公平《フェア》な眼で見てくださっている。


ストークス 大東亜戦争は、日本の自衛のための戦いでした。それは、戦後、マッカーサーがアメリカに戻って議会で証言した「マッカーサー証言」*によっても明らかです。東京裁判は裁判の名にも値しない、無法の復讐劇だったのです。

「南京大虐殺」にしても、信用のできる証言は何一つとしてなく、そればかりか、中国が外国人記者や、ビジネスマン、宣教師を使って、世界に発信したプロパガンダ（謀略宣伝）であることが明らかになっている。韓国発の「慰安婦問題」については、論ずるにも値しません。

これまで多くの日本の読者は、イギリス人のジャーナリストが「連合国の戦勝史観」とか、「南京事件」や、「慰安婦」問題に果敢に取り組んで、日本について、世界にひろまっている既成概念に挑戦していることに、興味を抱いたと思います。

***マッカーサー証言**　トルーマン大統領に総司令官を解任された後、1951年上院で以下の証言をした。「日本がアメリカとの戦争に飛び込んだ主な理由は、もっぱら自国の安全保障のためである」

「東京裁判は勝者の復讐劇にすぎない」とか、「いわゆる南京大虐殺はなかった」と、主張をしたアメリカやヨーロッパのジャーナリストは、いなかった。私が初めてでしょう。私は公平《フェア》でありたかったのです。

植田　西洋の帝国主義が猖獗《しょうけつ》をきわめた、幕末から明治にかけて、アジアのなかで日本だけが、その脅威をはねかえして、白人の一流国と肩を並べることができたのは、日本人のプライドが高かったからでした。

福沢諭吉が「独立自尊」という言葉を残していますが、愛国の情と、自尊心が高かったから、独立を守れたのでした。

かつて日本民族は独立心と、自尊心が旺盛でした。独立と自尊は一体のものです。いまは、残念ながら国として自尊心を失っています。

ストークス　私が来日した一九六〇年代の日本は、実に活気に溢れていました。誰もが祖国を発展させようとして、目を輝かせて働いていました。日本のどこに行っても、世界に負けてはなるまい、という意欲が満ちていた。

日本人が、第二次大戦に敗れたものの、戦後も気力を漲《みなぎ》らせていたのは、明治の開国以来、世界が日本に目を見張った発展をもたらした頃と、まったく同じ精神を持っていたからだと思った。

日本人としての誇りが、国家的な願望を支え、日本の復興の原動力となったのです。それが幕末以来の日本国民の総意であり、願いでした。

もしそうでなかったとすれば、他のアジアの諸民族と同じような運命をたどって、西洋諸国の餌食《えじき》となってしまったことでしょう。

植田　この三十年ほどのことでしょうが、今日の日本は、青年から老人までが日本の前途について、希望を失っているように見えます。

私だけではなく、いまから四十年、五十年前の日本を知っている人にとっては、日本人が日本人らしさを失ってしまったように見える。

日本人の、若者から高齢者までが向上心を衰えさせて、夢を見なくなったのは、物質的な豊かさが満ちたため、人々が怠惰になって、刹那的な快楽だけを追い求めるようになったことに原因があると思います。

ストークス　それでも、多くの日本人が私の主張に拍手を送ってくれたことは、日本の今後に希望が持てますね。

日本のように、世界のなかでも優れた文化を持っている国の国民が、自尊心を失ったというのは、信じられないことですね。

日本は世界のなかで、心と和の文化を持っている唯一の国です。和こそ、日本人の素晴らしい長所です。

日本人にとっての和は、日本人の心の中につねにあって、心から自然に湧き出てくるものです。東日本大震災の時に、東北の被災者が礼節を守って、互いに譲り合った姿は、全世界を驚嘆させました。アメリカでもヨーロッパでも、他のアジアの国々でも、大きな天災に見舞われた時には、被災者の多くの者が暴徒化して、商店や住居などで掠奪に走るものですが、あの東北の人々の気高い姿こそ、日本人が、「和の民族」であることを世界に証明しました。日本文化の和のあり方は、これから世界が大いに学ぶべきです。宗教間、人種間の抗争が絶えない世界に、平和をもたらすためには、これから日本が世界の手本にならなければなりません。そのためには、日本が立ち直らなければなりません。日本人らしさこそ、日本の力です。

植田　ストークスさんは、日本が先の大戦を戦ったことによって、西洋諸国が数世紀にわたって、アジアとアフリカを植民地支配していた、西洋人絶対優位の天国《パラダイス》を、あとかたもなく壊してしまった衝撃を著書で語っておられます。

連合国は占領下の日本で、日本を、いわゆる東京裁判という極東国際軍事裁判によって、「平和に対する罪」という、それまで世界にまったく存在しなかった罪状を作って裁きましたが、それは、実は数世紀にわたった西洋人の天国を壊した〝罪〟だったと、ストークスさんは断じていられますね。見事です。

日本は、この七十年間、連合国戦勝史観という重い十字架を背負わされて、ゴルゴタの丘をのぼったイエスのように、よろめき、つまずきながら歩んできました。だが、東京裁判は、戦勝国による「日本に対する大きな罪」ですよ。

東京裁判は、裁判にまったく値しないペテンでした。日本はアジアを侵略した罪によって裁かれましたが、この裁判が行われていた間、イギリス、オランダ、フランスはマレー半島、インドネシア、ベトナムを再び植民地として支配しようとして、文字通り侵略戦争を戦っていました。一九五二（昭和二十七）年四月二十八日のサンフランシスコ平和条約の発効によって、法的に戦争が終結したのです。

ですから、それ以前に行われた東京裁判は、正当な司法権と管轄権に基づく裁判ではありません。本質的には連合国側の戦争行為であり、軍事行動の一環であるといえます。

アメリカの大統領には戦争遂行権があり、その延長線上で行われた東京裁判は、正式な裁判ではなく、連合国側の軍事行動です。それも、戦争法規に違反する残虐行為です。敗戦国の指導者を裁く、もっともらしい、偽善的な形態をとった復讐劇であり、世紀のペテンです。

日本人は真実を知ってほしい。

ストークス　敷衍《ふえん》しますと、東京裁判についてはマッカーサーも、「東京裁判はやるべきではなかった」と、トルーマン大統領との会談で述べています。

東京裁判の判事の多くも、後に、東京裁判は国際法上、不当であったと述べました。また、当時の米国政府や軍の中枢にいた要人の多くが同様の見解を語っています。

東京裁判の法廷には、裁*判の管轄権もありませんでした。罪**刑法定主義に反し、「平和に対する罪」などを、事後法で持ち出し、しかも判事はすべて連合国側でした。

法諺《ほうげん》（法律に関する格言）で言うところの、「法律なければ、犯罪なし、法律なければ、刑罰なし」、ですから日本人が、東京裁判に呪縛される必要はまったくありません。

東京裁判は、アメリカの「プロパガンダ劇場」であり、復讐劇でした。戦勝国が敗戦国の指導者を処刑するなど、文明以前への逆戻りで、文明の抹殺でした。

そんな無法を、正義の名の下で行ったのが東京裁判でした。「東京裁判史観」は、覆《くつが》えされなければなりません。

これからの日本にとって、もっとも重要なことは、「東京裁判」とか、「南京事件」「慰安婦」の問題について、今後、日本人がどのように対応していくかということです。アメリカの言いなりになっているだけでは、独立主権国家とは言えません。

「集団的自衛権」「憲法改正」「学校の歴史教育」、「インテリジェンス」などの現実的な面で、日本人が今後どのような選択を行ってゆくかが大きな課題となっています。

植田　日本の隣りでは中国の経済興隆は著しく、軍備拡大を進め、尖閣諸島を虎視眈々《こしたんたん》と狙い、南シナ海、東シナ海まで不法に領域拡大を目論んでいます。

北朝鮮は、核・ミサイル開発に国民の困窮から目を逸らして熱中しています。

中国の習近平主席は、「五千年の偉大な中華文明の復興」を「中国の夢」として煽って、しばしば公的な場において「戦争の準備を進めよ」と、命じています。

アジアのなかで、習近平の中国と、金正恩朝鮮労働党委員長の北朝鮮の二つの国だけが、「戦争準備を進めよ」と、絶叫しています。日本の周辺には、政治、軍事的にも、危険な空気が漂っています。

ストークス　いまアジアにおいては、隣の中国の興隆を始めとして、北朝鮮の先軍政治など、世界は刻々と大きく流動しています。日本国民は一日も早く、危機に目覚めなければなりません。

ペリーが種を播き、マッカーサーが刈りとった

植田　さて、ストークスさんはマシュー・ペリー（幕末に日本に来航したアメリカ提督）の研究者でも

＊**裁判の管轄権**　国家に裁判権があることを前提として、裁判所間における裁判の分担に関する管轄をいう。占領下の日本には裁判権がなかった。

＊＊**罪刑法定主義**　訴追された人の刑罰は、法律に従って決めること、という近代刑法の大原則。

おられますが、加瀬英明氏との共著『なぜアメリカは対日戦争を仕掛けたのか』（祥伝社新書）で、「ペリーが種を播き、マッカーサーが刈りとった」と、説いておられますね。

今日、アメリカ製の日本国憲法を頭に戴き、戦後七十年を過ぎても、米軍がそのまま駐留しています。

アメリカは、日本が集団的自衛権を見直し、また「武器等防護法」が施行され、日米同盟は進化したとはいえ、日本だけを一方的に保護する条約を結んでいます。

韓国、フィリピンも共同防衛条約を、人口四十数万人のルクセンブルグも北大西洋条約を通じて、アメリカとの間に対等な攻守条約を結んでいます。いまもなお、まさに日本はアメリカの属国となっています。惨めな属国です。

ペリーの日本来航の目的は、表向きは日本に開国と通商を求める、大統領の親書を届けるためだったというのが、通説になっています。ストークスさんの前著から抜粋して、ここに引用させていただきます。

ストークス　どうぞ。では、私が書いたものを読んで下さるのを、聞くことにしましょう。

植田　（以下『なぜアメリカは対日戦争を仕掛けたのか』より引用）

ペリーが星条旗を掲げ、当時の世界最強の外輪船の艦隊を率いて、世界を一周して、極東に到達することは、壮大なプロジェクトだった。これほど大がかりなプロジェクトには、もちろん、それに相応した目的があった。

それは、アメリカ合衆国のフィルモア大統領の親書を、日本の天皇に直接届けることだった。親書はごく親しい表現を用いて、両国の親善を演出しようとしていた。この書簡は、『ディア・グッド・フレンド（親愛なる良き友人へ）』と宛名書きされ、偽善に満ちていた。

果たして、ペリーは、この任務が政治的にきわめて重要なものであることを認識していた。

そのひとつとして、捕鯨産業がある。鯨油はランプ油としてアメリカで需要が増大し、西洋で引っ張りだこだった。太平洋の北西に、鯨が群棲していた。捕鯨産業は最盛期にあった。捕鯨基地を、求めていたのだ。

二つ目は、東洋への侵略を裏書きする根源的なものだ。つまり、神によって祝福された使命を果たそうというものだ。

アメリカ合衆国を築いた清教徒たちは、『神から与えられた明白な使命（マニフェスト・デスティニー）』によって、西へ西へと領土を拡大することを、神の御旨《みむね》を実現することだと信じた。交易は神の意志だった。

来航目的第三の説は、黒船（蒸気船）は石炭を求めていた、というものだ。日本は石炭に富んでいた。もっとも、中国よりは少なかった。当時、太平洋を横断する船のほとんどが中国を最終の到達点と見なしていた。

果たして、ペリーの野望は、これだけだったのだろうか。もう一度問いただしたいのは、黒船と日本まで遠征する予算を正当化するために、ペリーは何をなそうとしていたのか。

私は、はたとひらめいた。ペリー艦隊は、アメリカの基地を探していたのだ。黒船の艦隊は、今日、アメリカが所有するものを探して、渡ってきたのだ。つまり、横須賀である。

今日、この横須賀海軍基地（ネイビー・ベース）は、ほぼペリーが黒船艦隊の錨を投げ入れた場所（投錨地＝アンカレッジ）に位置し、アメリカ第七艦隊が母港としている。黒船はおよそ百五十年前に、その先鞭をつけたのだ。

ペリーが、アメリカのために発見したのが、横須賀（江戸湾・浦賀）だった。基地を占奪しようというのが、ペリーの目的だったのだ。

それから九十余年、一九四五（昭和二十）年に、日本はアメリカと戦うことを強いられて敗れた。降伏文書の調印式が、九月二日、戦艦『ミズーリ』号艦上で挙行された。

ペリーが、一八五三（嘉永六）年に江戸湾に黒船を率いて侵入し、幕府を大砲で威圧したときに、旗艦「サスケハナ」が投錨したのも、やはり同じ場所だった。（以上、引用終り）

「ペリーが種を播き、マッカーサーが刈りとった」と、まさに書かれていますが、図星をついていますね。

ペリーの『航海記』を読むと、浦賀沖から甲板に立って、陸地を見たときに、「神がこのような美しい地をつくり給うたことに感謝」して、日本を「キリスト教化して、取り込む」ことを誓っていますね。今日でも、アメリカは自らの絶対性によって、いつだって押しつけがましい。

マッカーサーは、軍人としても無能だったが、日本の施政官としても無能だった。マッカーサーは尊大で、まさにペリーの再来でした。

日本占領中にマッカーサーの副官だったパワーズは、回想録の中で、「側近たちのマッカーサーに近寄る様は、玉座に膝行《しっこう》するようだった」と、述べています。

マッカーサーは皇帝のように振る舞い、どこにでも大勢いるありふれた司令官と呼ばれるよりも、連合国軍総司令官（スプリーム・コマンダー・オブ・ジ・アライド・パワーズ）の略称である、SCAP《スキャップ》と呼ばれることを好んだ、と記しています。

マッカーサーもキリスト教徒として、アジア人を見下していました。マッカーサーは、神道を原始的で野蛮な宗教だと見ていました。

一九四六（昭和二十一）年七月に、ジェームス・フォレスタル海軍長官が訪日したが、マッカーサーは得意気に、「天皇がほどなく、キリスト教に改宗する可能性が高い」と、語っています。

副官だったパワーズが書いた回想録によると、一九四七（昭和二十二）年五月に、クリスチャンであった日本社会党の片山哲が首相になったとき、マッカーサーは、キリスト教徒が日本の指導者となったのは「史上初めて」であり、政治的な意味よりも、宗教的な意味の方が大きい、と語りました。

マッカーサーは深く満足して、GHQ（総司令部）の幹部会で、「中華民国の蒋介石、フィリピンのロハス大統領、日本の片山の三人のクリスチャンが、アジアを導くようになった。これによってアジアが聖書の光によって照らされ、アジアの平和が確立した」と、悦に入るのですね。

ところが片山内閣は九ヵ月で倒れ、この直後一九四九(昭和二十四)年に蒋介石は毛沢東によって中国大陸から追い出されて、ドブ鼠のように台湾に逃げ込んでしまったから、ぬか喜びでした。

GHQの幹部たちが、マッカーサーを喜ばせるために、日本でキリスト教徒が毎月増えているという出鱈目《でたらめ》な数字を誇大に報告した結果、マッカーサーは、日本をキリスト教圏に変えるのが、天から与えられた自らの使命である、と錯覚するようになり、「もうじき日本が、キリスト教圏になる」と語ったと、パワーズ副官は回想しています。

マッカーサーは、日本に〝平和憲法〟を強いたり、トンチンカンなことが多かった。日本国憲法は、占領軍に銃剣をつきつけられて、一九四六年に公布されましたが、日本を土足で踏みつけたものでした。

しかし、四年後には、ソ連が北朝鮮をけしかけて、朝鮮戦争を引き起こしたために、マッカーサーは、日本にこのような憲法を押し付けたことを、後悔するわけですね。

それなのに、今日でも、多くの日本人が七十年にもわたり、古い、黴《かび》の生えた土足を頭の上に戴いて、満足している。マッカーサーが占領下で、日本に日本国憲法を押し付けたのは、七十年前のことですからね。

だいたいからして、日本国憲法は、フィラデルフィアで一七〇年前に公布された「独立宣言」

を下敷にして作られ、マッカーサー総司令部が、日本のためにではなく、アメリカのために、日本に強要したものでした。日本人を眼中に置いたものではありません。

私は、いまでもアメリカと日本のあいだを往き来して実感していますが、アメリカ人は何ごとでも、自分たちが絶対に正しいという思い込みが激しいんです。

アメリカ国民は、世界をアメリカ化することが正義であり、当然なことであると思い込んでいるのではないでしょうか。『神から与えられた明白な使命（マニフェスト・デスティニー）』という、信念に基づいた手前勝手な理想主義から、世界に対していらぬお節介を焼くのでしょう。

反日思潮に惑わされず、歴史の真実を学び、誇りある国へ

植田　歴史は、国と民族の記憶であり、魂です。日本は先の戦争に敗れてから、まるで記憶と魂を失なった徘徊《はいかい》老人のようになってしまいました。

国を一人の人にたとえたら、自尊心を失なった人を、いったい誰が信用し、相手にしますか？

イギリスでは、サッチャー首相が登場してから、教育改革が断行されて、それまでは教育の現場で、イギリスはアフリカやインドで、酷いことばかり行った悪い国だという、自虐史観が教えられていたのが正されて、生徒が誇りをいだくことができるようになりましたね。

ストークス　マーガレット・サッチャーは、「鉄の女」として知られました。

サッチャーは、イングランド中部のリンカーンシャー州グラサムの小さな食品雑貨屋の娘として生まれ、オックスフォード大学のサマーヴィル・カレッジに進んで、弁護士となりました。

大学の学生寮では、私の姉のスーザンと、寄宿舎の部屋が隣同士でした。サマーヴィル・カレッジは、私の母と、五人の姉全員が学んだ、名門校です。

マーガレットは、実に傑出した政治家でした。周囲には、彼女を支える男たちが集まっていましたが、パブリック・スクールの出身ではない、どちらかと言うと、ジェントルマンではないタイプの男が多かった。精力的にバリバリと仕事をする実力派が多く、閣僚に選ばれたのも、そうした男たちでした。

植田　イギリスでパブリック・スクールというと、日本の国立とか、県立、市立だと誤解しますが、「私立」を意味しているんですね。たとえば、寄宿制度の私立で進学校のプリパラトリー・スクールや、イートン校、ハロー校やラグビー校ですね。
国王がつくったから、公のパブリックであって、政府や、自治体、民間など、国民がつくった学校は、プライベート・スクールと呼ばれているんですね。

ストークス　そうですね、アメリカではパブリック・スクールというと、英国と違って公立のことです。

マーガレットは、首相となって自信を深め、独自の政策を実行するようになりました。マーガレットの政策は市場主義で、反組合で、報道関係者とも激突しました。ルパート・マードック*と組んで、民間企業の活力を支援し、労働組合と対決しました。マーガレットは信念を貫き、閉塞状況にあったイギリスを、活気に満ちたものへと変革させました。

実に強い、女性リーダーでした。マーガレットの成功は、彼女の性格によるところも大きいでしょう。レーガン米大統領とウマが合いました。サッチャーとレーガンの二人が、社会主義世界を崩壊させました。ソ連を滅ぼしたのは、二人の大きな功績です。

安倍総理は、積極的平和主義外交を行い、集団的自衛権を見直し、安保関連法を成立させ、憲法改正を視野に入れ、経済を立て直し、祖父で戦後もっとも偉大な首相であった岸信介氏を凌《しの》ぐ、八面六臂の活躍をされています。いま、日本が変わることが、今後の世界情勢に、大きなよい影響を与えていくでしょう。

植田　そう願いたいですね。日本が恥しい犯罪国家だから、外国に媚びて生きるべきだという歴史

＊ルパート・マードック　21世紀フォックスやニューズ・コーポレーション等、世界の大手メディアを率いている。

観を売り物にして、懐《ふところ》を肥やしてきた新聞社や、軽佻浮薄なジャーナリスト、左翼かぶれ、似非《えせ》知識人、学者などは、生活を脅《おびや》かされることになりましたからね。彼らは、先人たち、自分たちの父祖を、外国に売る行為をしてきました。

日本占領下で、GHQは、日本人に贖罪《しょくざい》意識を植え付ける政策である、WGIP*（ウォー・ギルト・インフォメーション・プログラム）を徹底的に行った。日本民族から民族の記憶と、歴史を奪い、独立心を奪い、贖罪意識を植え付けることこそ、対日占領のもっとも大きな目的だった。GHQがまいたWGIPという種が、異様に成長して出来上がったのが自虐史観で、それが国中に蔓《はび》延《こ》ってしまったのは、これら売国的な日本人のせいですよ。

ストークスさんは、講演の依頼があいついで、さまざまインタビューを受けるかたわら、全国を飛び歩かれていますね。

走水《はしりみず》（横須賀市）の防衛大学校に招かれて、講演されましたね。

ストークス　防衛大学校は士官学校に当たりますが、世界の士官学校のなかで、つねに文官が校長をつとめてきたという、おかしな軍学校ですね。

世界のどの士官学校でも、次の授業のために建物を移る時には、学生たちが隊列を組んで、整然と規律正しく行進してゆくのに、防衛大学校では、学生たちが原宿通りや、新宿あたりの盛り場をうろつく若者たちのように、だらしなく、バラバラにブラブラ歩いてゆく。

日本の、腑抜けた、似非平和主義がもたらしたものでしょう。中国の習近平国家主席や、韓国が、日本で軍国主義が復活しつつあるとさかんに非難していますが、防衛大学校を見たら、きっと安心することでしょう（笑）。

植田　自衛隊では、歩兵は「普通科」、砲兵は「特科」と呼ばれています。「兵」をつけてはいけないというからです。

「兵」というと、多くの日本人が、「かつてアジアを侵略した」という、戦勝国が日本を無力化するために押しつけた、負のイメージを重ねてしまうから、避けているんです。

他の国には兵がいてもよいが、日本だけは許されない。日本が似非平和主義に冒された、性格異常の国になっています。

ストークス　先の第二次大戦で、日本がアジアに軍事進攻したのは、もちろん、歴史の事実です。侵略（進攻）というと、ひとつの国が他国の領土へ武力を使って、強制的に入っていくことを意味します。この定義では、日本は大英帝国の領土である植民地に侵略したと認められます。

しかし、日本は大英帝国の植民地を侵略しただけではなく、欧米の植民地支配を受けたアジア

＊**WGIP**　War Guilt Information Program　戦争についての罪悪感を日本人の心に植えつけるためのGHQによる宣伝計画。

諸民族が独立するのに当たって、大きな役割を果たしたのです。アジア全土に展開していた欧米の植民地を、日本は一挙に占領した。あっという間に、白人の軍隊を打ち破ったことによって、白人には勝てないと思い込んでいた、アジアと、アフリカの諸民族に、独立への気概と勇気、そして、民族平等というまったく新しい概念をもたらした。日本は世界史に、大きな役割を果しました。

植田さん、日本はアジア人の「希望の光」でした。いまの日本から、想像することができませんね。

このように話をすると、インタビュアーや聴衆から質問がでて、「それでは、これから日本として、どうしたらよいでしょうか?」と、よくたずねられます。

しかし、植田さん、日本を取り巻く世界情勢が厳しくなるなかで、日本は相手の都合を慮《おもんぱか》ったり、阿諛追従《あゆついしょう》する必要はまったくありません。アメリカはアメリカの立場で、中国は中国の、韓国は韓国の、日本は日本の立場でものを言う。当然それらは食い違う。外交とは非情で冷厳なもので、世界とはそういうものです。日本だけが物わかりのいい顔をしていたら、精神を侵略されてしまい、たちまち付け込まれてしまいます。この質問には、外国人の私ではなく、一人一人の日本人が考えて、答を出すべきです。

もう一つ、私が言いたいのは、「南京大虐殺」にせよ、「靖国神社参拝問題」にせよ、「慰安婦問題」にせよ、現在懸案になっている問題のほとんどは、日本人の側から、中国や、韓国にけしかけたというのが事実だということです。この問題をどうするか、それは日本人自身で考えなければなりません。

植田　日本国民は、失われた記憶を回復することによって、精神と正気《せいき》を取り戻さなければなりませんね。そうしなければ、この国は滅びてしまいますね。

日露戦争は、明治元年から僅か三十六年しかたっていなかった。小国だった日本が、超大帝国だったロシアに勝って、全世界を驚かせました。白人の苛酷な植民地支配のもとで喘《あえ》いでいた、アジア・アフリカの人々が、はじめて前途に希望をみた。これぞ、まさに日本の最良の時―ファイネスト・アワーでした。大東亜戦争もそうでした。

ストークス　「ファイネスト・アワー」というのは、チャーチルが、ナチス・ドイツがイギリスを攻略しようとして、イギリスに大挙して連日空爆を加えたのに対して、イギリスの若いパイロットたちが劣勢をかえりみずに、戦闘機スピットファイアーを駆って、勇敢に戦って勝利を収めた時に、これぞ「イギリス最良の時」と、称えた言葉ですね。

植田　チャーチルは、名文家でした。私はチャーチルの演説文で英語を勉強した記憶があります。日露開戦の前年に、日本がイギリスとの間に、日英同盟を結ぶことができたお陰を蒙ったからでした。日英同盟がなかったとしたら、日本がいくら奮闘しても、とうていロシアに勝てなかったでしょう。

あのころに夏目漱石が書いたものを読むと、日本では多くの庶民の家で、祝祭日に、日の丸と、イギリス国旗である「ユニオン・ジャック」を、ともに門に掲げたということです。イギリスについて話す時は、「わがイギリス」といったものでした。

日露戦争に勝ったといっても、まだ小国にすぎなかった日本が、世界一の大帝国だったイギリスと対等の同盟条約を結んだのだから、たいへんな喜びでした。

ストークス　イギリスは十六世紀中ほどに、フランス軍に敗れ、ヨーロッパ大陸の領土を永久に失ったことによって、完全な島国になりました。

エリザベス一世や海賊だったサー・フランシス・ドレイクのおかげで、イギリスはこの後、大陸から孤立することができるようになり、やがてイギリス人はこの孤立を、グローリアス・アイソレーション「光輝ある孤立」といって、おおいに誇るようになる。その中で、いっそうイギリス的なものが育てられていったのです。

イギリスは、それまで同盟国を持ったことがなかったことを、大いに誇りとしていました。しかし、明治の日本人たちが、他のアジア人と違って、立派だった。そこで、日本を信頼し、同盟を結びました。

ただし、いまの日本人に対してだったら、そうは思わなかったことでしょう。

植田　海賊が功績によって、サー（ナイト）の称号が授けられる、寛大で、柔軟ですね。十九世紀末から二十世紀に入りますと、イギリスは南アフリカでボーア戦争を戦い、アジアではロシアの南下を懸念しており、日本は日本の思惑がありました。

同盟とは信頼の上に成り立つものの、危ういもので、本音は自国の国益のためのものです。

海の民は、船底一枚の下は、海です。功利主義的といえましょう。

アジアを独立させたのは日本の進攻だった

ストークス　「日本はアジアを侵略した」という見方について、欧米諸国や、中国、韓国などのジャーナリストや学者が、そうした主張を繰り返していますが、見直す必要があります。

確かに、日本が、欧米列強がアジアに展開していた植民地に軍事進攻をしたことは、歴史の事実です。イギリス人の私は、この意味では、日本は侵略国だと思います。イギリスがアジアに所有していた広大な領土に、軍事進攻をしてきたからです。

しかし、それ以前にアジアを侵略して、植民地支配をしたのは、欧米諸国でした。日本は軍事進攻によって、アジアを占領した。だが、日本がそれ以上のはるかに重要な、大きなことを成し遂げたことに、気づく必要があります。

日本の軍事進攻によって、何世紀にもわたってアジアを支配していた欧米の軍隊が、あっという間に蹴散らされてしまったのです。これは一地域のことではありません。アジア全域に展開していた欧米の植民地を、日本は一瞬のうちに軍事占領してしまった。想像を絶する出来事でした。欧米の数百年に及ぶアジアの植民地支配の歴史にあって、有色人国家が、そのようなことを現実的に起こすなどとは、誰も想定していなかったのです。

まさに、映画『猿の惑星』の世界が、自分たちの目の前で現実になったような、想像を絶する事実に、欧米列強は直面した。このことは、われわれにとっては、復讐してもし足りないぐらいに悔しい出来事でしたが、日本が起こした想定外の衝撃は、それに留まらなかった。

有色人国家が、アジア全域に展開していた、白人支配の植民地を一瞬にして制圧し、軍事占領してしまった衝撃は、それまで、白人には勝てないと思っていた、アジアや、アフリカの諸国民、諸民族にも、独立の気概と行動を呼び覚ました。これは、日本の偉業でした。

植田　日露戦争で日本の勝利を決定したのが、日本海海戦ですね。東郷長官の連合艦隊の旗艦「三笠」が、横須賀にあの日の姿のまま、世界で、あの時代の唯一の戦艦として保存、公開されています。その意味でも貴重です。私は乗艦するたびに、日本が日露戦争に勝利することによって、世界史の流れを大きく変えたことを思って、目頭が熱くなります。

「三笠」はイギリスで建造されました。

バーロー・イン・ファーネスというと、読者には馴染《なじ》みがないでしょうが、繊維産業で知られたランカスターから近い。世界最古の公道で行われるオートバイレースのマン島TT（Tourist Trophy）レースで有名なマン島が沖合にあって、アイリッシュ海に面する造船の町です。その町で全長百三十二メートル、幅二十三メートルの、当時「鉄の城」ともいうべき「三笠」が起工され、完成しました。

いまでも、「三笠」を建造した、古い石積みの船渠《せんきょ》（ドック）が残っています。町民は「三笠」がこの町で建造されたことを今日でも誇りにしていて、「ミカサ・ストリート」と、命名された通りがあり、先の大戦中にも、その名称は変えられることがありませんでした。

日露戦争の当時のロシアは、強大な大帝国であり、日本は極東の小国にすぎなかった。その日本がロシア帝国を破ったのは、全国民が愛国心に燃えて、結束したからでした。それに日英同盟条約が開戦の二年前に結ばれたことが、日本の勝利に大きく貢献しました。

ストークス　イギリス人は「フェアープレイ」の精神を、何よりも大切にするんです。

余談ですが、イギリス人の精神構造はスポーツと一体になっています。フェアという概念はスポーツが生んだものです。スポーツはフェアでなければ成り立ちませんからね。ゴルフ、テニス、ラグビー、ボクシング、競馬等々をはじめ、今日の世界を風靡しているスポーツは、イギリスで生まれたものが多い。

もし、日本がアジアに軍事進攻をしなかったら、確実に、いまでもアジアは欧米の植民地であり続けたことでしょう。日本がアジアに軍事進攻をしたことで、アジア諸国に独立の気概が高まり、独立戦争を宗主国と戦い始めた。この歴史的な事実からも、アジア諸国を独立へと導いたのは、日本の力でした。結果として、アジア諸国は独立を果たした。

そのような日本の軍事進攻と占領をもって、「アジアを侵略した」と位置づけることは、間違いです。

歴史認識として、正しくありません。西洋人にはまったく受け入れ難いことですが、アジアを独立させた原動力は、日本の軍事進攻でした。

アメリカのヒューストン大学のジェラルド・ホーン教授は、著書『レイス・ウォア』(邦訳『人種戦争』藤田裕行訳、祥伝社)のなかで、日本が先の戦争を戦ったのを、「絶対王制を倒すことによって、平民を解放したフランス革命、労働者を解放したロシア革命よりも、壮大なもので、有色の民を解放した人類史の大革命だった」と、賞讃しています。

植田 ホーン教授は、ブラック・アメリカ(アメリカ黒人)ですね。この本を読むと、アメリカの黒人たちは先の戦争中、日本の勝利を渇望していました。

先の大戦は、「軍国主義日本と、民主主義国アメリカが戦って、アメリカがファシスト日本を打倒した」という、嘘が罷《まか》り通っています。南北戦争でも、先の大戦でも、黒人兵は盾にされ、犠牲を強いられていました。

日本が戦ったアメリカは、同じ国民であるはずの黒人を法的に差別していました。黒人は一切投票することが許されませんでした。一九五〇年代末のアメリカでは、黒人と、白人は、公衆便所から食堂、列車や、バスの座席や、水飲み場まで、あらゆるところに差別があり、ニューヨークや、ワシントンでは、一九六〇年代に入っても、白人が出入りするレストランに、黒人が入るということはありえませんでした。

ところが、日本がアジアを解放した結果、アフリカでも次々と独立国が生まれました。そうなると、アフリカの外交官が、ワシントンや、ニューヨークの国連本部にやってきますが、それぞれ国の代表ですから、肌の色が違うからといって彼らを差別するわけにはいきません。こうなると、当然、米国内の黒人も黙ってはいません。

一九五〇年代末に、米国内でマーチン・ルーサー・キング牧師が率いる公民権運動が始まりました。これが六〇年代になって実を結びます。それまでアメリカでは多くの州で、白人と黒人が、性的な関係を結ぶことが犯罪とされていました。まして結婚などは、認められませんでした。最後の三つの州で、白人と黒人が性的な関係を持つ、あるいは結婚することが犯罪とされなくなったのは、一九六七(昭和四十二)年のことです。

第二次世界大戦後までは、黒人が、野球のメジャーリーグでプレイすることも考えられないことでした。ゴルフでは、黒人はキャディで、ゴルフを楽しむなんていうことはありえません。テニスも白人だけのものでした。メジャーリーグで黒人がプレイできるようになったのも、タイガー・ウッズ他の黒人がゴルフでプレイできるようになったのも、ウィリアムズ姉妹ら、黒人がテニスプレーヤーとして、また、アメリカでもっとも人気のあるアメリカンフットボールや、バスケットボールで黒人が活躍できるのも、日本が先の大戦を戦って、人種平等の世界をつくったからです。

就中《なかんずく》、黒人のオバマ大統領が登場したのも、先の大戦で、日本が大きな犠牲を払って、人類の長い歴史の果てに、人種平等の理想の世界をつくり出したからです。

西洋がアジア・アフリカを数世紀にわたって力づくで押えつけ、植民地として恣《ほしいまま》に略奪、収奪しましたが、世界は「白人の惑星」であり、「強奪者の惑星」でした。

それを、日本が今日の「公平（フェアー）な惑星」につくり変えたのでした。

私は加瀬俊一初代国連大使の話を、鎌倉のお宅に伺って何回も聞いたことがありました。大使は『ミズーリ』号の降伏調印式に、重光葵全権に随行して参列されていますが、私が、「あの時にどう思われましたか」と、その当時の心境を質問したところ、「日本は数世紀にわたる西洋の支配からアジアを解放したことによって、世界史の大きな流れを変えたから、われわれは戦闘には負けたけれども、戦争に勝ったのだという誇りを胸に秘めて、甲板を踏んだ」と、言っておられました。

私は、明治に生まれた日本人としての誇りと、気概に触れて、琴線をふるえさせられました。

第二章

「朝日新聞」の〝売国キャンペーン〟を許してはならない

日本を攻撃する中韓両国と、手を貸す朝日新聞

植田　「慰安婦問題」で、中国と韓国が手を携《たずさ》えて、日本攻撃をさらに強めて、全世界に発信していますね。

ストークス　今日の日本は、全世界から好意をもって見られているのに、これほど日本を激しく嫌っている国があるのは、珍しいですね。

植田　「慰安婦問題」と言えば、高山正之氏がいつも朝日新聞の報道を糾弾していますが、高山氏の著書『日本人が勇気と自信を持つ本　朝日の報道を正せば明るくなる』（テーミス社）と、元東大教授の酒井信彦氏の著書『虐日偽善に狂う朝日新聞』（日新報道）のなかで、この問題を厳しく追及しています。

両氏が指摘しているように、そもそも「慰安婦問題」が、今日の国際問題にまで発展した発端といえば、吉田清治氏が「私は奴隷狩りを行った」と、ありえないことをでっちあげて、一九八三年に出版した、『私の戦争犯罪　朝鮮人連行』にあるんですよ。

ストークス　私は、日本で「慰安婦問題」についてしつっこく報じてきたのは、ジャパン・タイム

ズ紙だと思っていました。

私は高山正之さんとは、とても親しくしていますよ。ときどき会っていますが、今日の日本の優れたジャーナリストの一人ですね。世界に通用する人です。

アメリカの弁護士のケント・ギルバート氏は、日米戦争はじめ「南京大虐殺」「慰安婦問題」「東京裁判」などの歪曲された歴史問題、そして日本人のあるべき姿を含め、正しい歴史認識を広めることに力を注いでいます。彼は『ジャパン・タイムズ』を辛辣に、〝アンチ・ジャパン（反日）・タイムズ〟だと批判しています。心強いですね。


植田　私も、高山さんを尊敬しています。高山さんは優れた歴史コラムニストであり、的を射た辛辣で嗤笑《ししょう》な表現で、爽快に、敵を一刀両断に切りまくる、国際性を持った、新型の国粋主義者と言えますね。

さて、吉田の証言は、一九九六年に国連人権委員会（現・人権理事会）に提出された、国連人権委員会の、「女性に対する暴力」特別報告官に任命された、スリランカの女性法律家のラディカ・クマラスワミの調査報告書に引用されています。しかしこの吉田の著書は、まったくの出鱈目《でたらめ》で、虚偽だったことが証されています。

「慰安婦」は、大戦前に日本軍が作った、日本に固有の言葉ですが、英語で言えばプロスティチュートか、キャンプ・フォロワーです。売春は人類の世界最古のビジネスで、いつの時代にも、戦場に存在していました。
戦後、韓国が独立して国軍が創設されると、幹部のほぼ全員が日本軍の将校だったので、日本の旧軍をそのまま模倣したために、日本軍の慰安婦制度もそのまま継承した。日韓合邦以来、韓国には、日本語を韓国読みにした言葉がたくさんありますが、日本語の慰安婦を、そのまま韓国語で発音して引き継いだ、世界で唯一の国になりました（笑）。

ストークス　アッハッハ。

植田　その証拠に、二〇一四年六月に在韓米軍のための韓国人元慰安婦たちが、国が売春を奨励し、強制管理していたとして、国家賠償を求めて集団訴訟を起こしました。このニュースは日本では報道されましたが、韓国では反体制の「ハンギョレ新聞」だけが報道しました。
慰安婦を韓国語では、「ウイアンプ」と、発音します。自転車（チャジョンゴ）、自動車（チャドンチャ）から、労働者（ノドンチャ）、民主（ミンチュ）主義（チュイ）まで、数千にのぼる多くの韓国語は、もとが日本語ですよ。

ストークス　韓国語のなかには五、六千にのぼる日本語が、韓国語の発音によって入っていることは知っていましたが、慰安婦もそうなんですね。

植田　日本軍に従った慰安婦の存在は、当時、周知の事実でした。戦後、慰安婦に関する多くの書籍が出版されています。それを読むと、性奴隷どころか、兵士と慰安婦の間には情があり、心を通じた関係だったことがわかります。

二〇一六年一月の産経抄に関連した紹介記事があります。在日韓国人二世のつかこうへい氏[*]は、著書『娘に語る祖国　満州駅伝―従軍慰安婦編』（光文社一九九七年）に取材の様子を書いています。つか氏は元日本兵士や、慰安所関係者らについて取材し、当時マスコミで独り歩きしていた、「強制連行」というイメージに洗脳されていたことに気づいたといいます。「悲惨さを調べようと思っていたら、思惑が外れてバツが悪かったが、慰安婦と日本兵の恋はもちろん、心中もあった」、「将校に恋して、お金を貢いだり、休日に一緒に映画や喫茶店に行ったり、という人間的な付き合いもあった」と、率直に述べている。

つか氏は日本軍、官憲による「強制連行」に関しては、ないと思う、という一方で、「営業行為であっても、人間の尊厳の問題で、元慰安婦にはなんらかの誠意を表すべきだ」、人間の業《ごう》にかかわる問題は、「自分の娘に語るように、優しい口調で一つひとつ説いていかなければ伝えられない」と、人情の機微を説いています。

＊**つかこうへい**（1948 - 2010年）　劇作家、演出家。1960～70年にかけて、演劇界に一大ブームを巻き起こした。代表作「蒲田行進曲」「熱海殺人事件」等。

また、歴史や政治に詳しい私の韓国の友人も、「強制連行」など、まったくなかったと、加えて、慰安婦問題は国の恥を曝《さら》すことに等しいと言っています。

韓国は日本の善意を蔑《ないがし》ろにした

ストークス　しかし人類の歴史において、一国の政府が売春婦が存在したことについて、公式に謝罪して、そのうえ政府が民間団体を作らせて補償まで行ったというのは、日本が初めてですよ。これは、人類史で未曾有のことでした。だから、全世界が、日本はよっぽどひどいことをやったのだと考えても、当然のことでしょう。

安倍内閣になって、ようやく検証がおこなわれましたが、それまでの歴代の内閣が、平成五年に発表された河野談話*を継承してきましたから、もっと悪いことをまだ隠しているんだろうと思われても、仕方がないですよ。

植田　慰安婦が問題化したのは、吉田清治氏の作り話を土台にして、日本人のあさはかな大学教授や知識人や、朝日新聞をはじめとするマスコミが、日本人や、韓国人による作り話を捏ね混ぜて、捏造したことが、火元になっています。

朝日新聞は、常習的な「嘘つき新聞」です。嘘を生業《なりわい》としてきた。朝日を購読すると、子供や孫が嘘つきに育ちます。おそろしいですね（笑）。どうしても購読するなら、子供の手が届かないところに置いてほしいですね。

三十二年にもわたって慰安婦について捏造した報道を行ったことを、朝日新聞社の社長が謝罪する記者会見を行いましたが、舌足らずでしたね。ツラの皮も厚かった、心から謝罪していません。言いたいこと、言えないことがあったのでしょう。きっと、閻魔《えんま》様に舌を抜かれたから、舌足らずになったのでしょう。（爆笑）

それ以前に、一九九一年八月十一日の朝日新聞に、朝日新聞の植村隆記者が、「元朝鮮人従軍慰安婦　戦後半世紀重い口を開く」という記事を載せています。この記事によると、その女性は女子挺身隊にとられて、強制的に慰安婦にされたということです。植村記者の夫人は韓国人で、その母親が反日団体の「韓国挺身隊問題対策協議会」の中心的人物です。

朝日はその後、日本を貶《おとし》める「慰安婦問題」のキャンペーンを意図的に積極的に展開しました。

ストークス　ニューヨーク・タイムズ紙は、朝日新聞社の本社ビルのなかに支局を置いていました。同じ屋根の下に居ましたが、私の時代には、慰安婦など大きな問題ではありませんでした。

慰安婦報道は、私の後の時代になって話題になったテーマです。

＊**河野談話**　16人の元慰安婦に聞き取り調査し、強制性を認めて謝罪をした。しかし、事前に韓国側との文言調整があったこと、さらに、慰安婦証言の裏付け調査の不履行が明らかになっている。

植田　では、慰安婦は、ごく当たり前の存在だったということですね。

しかし、日本の慰安婦問題はパンデミック状態（世界的な流行病）になるところでした。この女性は、後日、日本政府に補償を求める訴訟を起こしました。

このような動きに対して、当時の宮沢内閣では、一九九二年一月に加藤紘一官房長官が、日本軍の関与を認めて、謝罪をしました。その翌年の一九九三年八月には、河野洋平官房長官が、強制を認める談話を発表しました。

日本政府が、これらの動きにこたえるように、一九六五年の日韓基本条約によって、すべての請求権が解決済みであるにもかかわらず、〝アジア女性基金〟という基金を創設し、慰安婦だったと、名乗り出た人に金銭的補償を実施しました。

韓国初代大統領の李承晩《イスンマン》は、不法に竹島を占拠し、日本海に勝手に李承晩ラインを設定するなど、対日強行政策で知られていますが、彼ですら、慰安婦のことなど話題にもしませんでしたよ。また、一九六一年にクーデターを断行して大統領になった、現大統領の父親の朴正熙《パクチョンヒ》大統領の時代でも、まったく問題になりませんでした。

ところが、韓国政府は日本のトンチンカンな弱さを狙って、日本政府の謝罪と補償を要求しました。

ストークス　河野談話がなければ、朝日新聞がいくら一生懸命になって、どれだけキャンペーンを張ろうが、どれだけ一部の日本人が騒ぎたてようが、今日のように、慰安婦問題が世界中で大きく取り上げられることはなかった。

河野談話が生きているかぎり、日本はいまわしい汚名を拭えませんよ。

安倍内閣は、河野談話を否定する談話を発表するべきです。

植田　河野談話は事実を検証することもなく、拙速に韓国との談合で作られたといわれています。河野洋平氏は、いま現在も非を認めず、自分が正しいと強弁しています。村山富市元首相も共犯です。見苦しい。日本の恥ですよ。韓国人のなかでは、付和雷同する人もいますが、自国の恥を世界に曝すことを、多くは過去の問題として、冷ややかに見ています。

NHKまで中韓のプロパガンダのお先棒をかついでいる

植田　二〇〇〇年十二月八日から、朝日新聞の故松井やより氏などが中心になって、三日間にわたり、「日本軍性奴隷をさばく」という、意味不明の「女性国際戦犯法廷」劇が開催されました。対米戦争の開戦日を、意識したものでしょうね。

「法廷」では、日本軍が慰安婦を強制連行したという、吉田清治氏の虚説をもとに、反日の演《だ》し物《もの》の常連である吉見義明中央大学教授のでたらめな証言と、元朝鮮大学校教員で歴史研究家を自称する、故朴慶植《パクキョンシク》の作り話の『朝鮮人強制連行の記録』を、ごった混ぜにして行われました。

ストークス　日本の名誉を、大きく傷つけるものですね。公共放送であるＮＨＫも、放映しました。朝日新聞も、ＮＨＫも、共同通信も、阿諛追従するマスコミには持論がないのでしょうか、今日まで、まったく体質が変わっていませんね。

植田　笑わせられたのは、一九九一年に朝日新聞が書いた、「従軍慰安婦の生き証人」の記事に登場する朝鮮人売春婦を、この「女性国際戦犯法廷」で、日本人を有罪にするための重要な証人として、証言させたことでした。

ところが、その女性が、「私は（日本軍ではなく、同じ）朝鮮人の女衒《ぜげん》に売られた」と、述べてしまいました。この証言は朝日のまっかな嘘を暴いたために、無視されました。「産経新聞」や、「正論」などの真実を追求するマスコミは、この法廷劇の取材を、拒否されました。

ＮＨＫは尻馬に乗って堂々と放映しました。動員された海外のマスコミも、付和雷同して報道し、大嘘劇を手助けしました。歴史を歪曲するパロディーにもなりません。このような茶番劇に加担するマスコミはマスゴミですね。

ストークス　「慰安婦問題」騒動は、まったくのナンセンスですよ。

なぜ、今ごろ「慰安婦問題」がこれほど騒がれているのか、私には理解できません。中国と、韓国は日本の国際的な評価を傷つけて、「非道で、邪悪な日本」というイメージをつくりあげるために、国家によるヘイト・プロパガンダを精力的に行っています。

韓国には朝鮮戦争の休戦後も、アメリカ軍を主力とする、国連軍のための慰安婦が大勢いました。公娼制度があった時には、韓国政府が外貨稼ぎのために、日本人男性のセックス・ツアーの相手をする女性たちが、ホテルに自由に出入りできる身分証明書を発行していました。

第二次大戦中の日本軍の慰安婦について、一九四四年に現在のミャンマーのミートキナで、日本の守備隊が包囲されて全滅した時に、日本人慰安婦は部隊と運命をともにしましたが、日本の守備隊長が、朝鮮人慰安婦たちには投降するようにすすめたので、彼女らは生き残りました。今日、アメリカ軍情報部が彼女らに尋問した報告書が公開されています。

この報告書によれば、全員が「プロスティチュート」(売春婦)で、「キャンプフォロワー」であると、結論づけています。日本軍兵士よりも、はるかに収入が多く、生活も自由だった、と記録されていますね。収入では、日本の上等兵(サージャント)が月収十円だったのに対して、慰安婦はその三十倍の三百円もの、またはそれ以上の収入を得ていたそうですよ。

それを証明する例として、九〇年代に朝鮮人の文玉珠《ムンオクチュ》氏が、半世紀前に慰安婦として得たはずの収入の返還を求める訴訟を、東京地方裁判所に起こしたところ、調査の結果、未払い金がありました。戦時中であれば、東京に大きな家を五軒も建てられる金額に相当しました。いかに、高収入を得ていたかがわかりますね。

植田　ほう、ほう。まあ、いずれにしても、客の兵隊より収入が良かった。それは、昔も今も同じですね。

ストークス　また、日常、慰安所では、慰安婦の立場も認められていて、酔っぱらったり、粗暴な振る舞いをする客を拒否することもできた。彼女たちは金を持っており、将兵と行楽に行ったり、スポーツを楽しむこともできた。

日本の将兵がいかに慰安婦を大切に扱っていたか、慰安婦も戦地で戦う将兵を、心と体で支えていたことを知ることができますね。

植田　西洋では売春婦といえば、唾棄《だき》すべき罪人《つみびと》ですが、日本では、近代日本海軍の父といわれる、山本権兵衛の正妻は品川の女郎だったし、初代の首相の伊藤博文をはじめ、明治の多くの顕官《けんかん》（高官）の夫人が芸者の出身でした。ごく最近では、東大総長や外務次官が、新橋の芸者を妻としていました。

イエスの脇に常にいたマグダラのマリアは、遊女だった。イエスが葬られた洞窟を覗き、イエスが昇天して空になっているのを初めて発見したのも、マグダラのマリアですね。イエスとのあいだに子をもうけていたという、有力な説もありますね。

慰安婦とは売春婦そのものだった

植田　慰安婦は、大金を稼いでいた、プロの売春婦でした。公娼は当時の日本だけではなく、アメリカはもちろん、ヨーロッパ諸国のどこにでもいたし、公娼制度が存在していました。

ストークス　このところ、韓国は世界最大の売春婦の輸出国だといって、アメリカやヨーロッパで顰蹙《ひんしゅく》を買っていますね。

アメリカの警察による報告書によれば、アメリカで逮捕された外国人売春婦のなかで、もっとも多いのが韓国人女性だし、オーストラリアでもそうですね。

植田　日本にも多くの整形美女がやって来ています。赤坂を見て下さい。ソウル市赤坂区、といわれるほど、韓国人女性でバーやクラブが賑わっています。もともと、韓国は男性本位の国柄ですから、売春に対して寛容だったんです。

韓国で公娼制度が廃止されてから、建前として売春が非合法化されましたが、裏というよりも夜の街で堂々と営業が行われていますよ。

警察の手入れも形式的であるか、警察官が見逃して、小遣い稼ぎをしています。また、二〇〇四年に　女性家族部（省）長官が音頭を取って、法律で罰則規定が設けられましたが、私の韓国の友人が、ザル法だと言っていましたよ。

また、これも韓国の友人の話ですが、去る日、英国のBBCの衛星放送を見ていたら、ソウルのパゴダ公園で、ホームレスや、貧しい人のための炊き出しをしているところで、老女の売春婦が僅かな金で、通りがかりの人を誘っていたそうです。

いかに、韓国の年金制度や、社会保障、厚生事業が行き届いていないか、友人は本当に恥ずかしいと言って、嘆いていましたよ。

ストークス　いまでも、ドイツや、フランスなどのヨーロッパ諸国では、売春は合法です。アムステルダムの「飾り窓の女」は、観光名所ですよ。アメリカでも、いくつかの州で売春は許されています。

植田　韓国のソウルの日本大使館前に、慰安婦だとされる少女像が据えられたことに発して、二〇一三年にアメリカのロサンゼルス近郊のグレンデール市に、少女像がアメリカで初めて設置され、その動きがアメリカ中に広まろうとしました。オーストラリアでも、中国人と手を組んで拡散を試みました。

いまや世界に拡散している「慰安婦問題」は、朝日新聞が発端です。つまり、恥ずかしいことに、〝メイド・イン・ジャパン〟なんですよ。

無責任な平和主義が日本人の背骨を冒している

ストークス　誇り高かった日本は、いつから自らを傷つけて喜ぶ、マゾ的な変態国家になったのですか？（笑）

植田　アメリカの押し付け〝平和〟憲法によって、アメリカの保護領のような状態にどっぷりと安住して、気儘《きまま》に生きていたいんでしょう。国家としての責任を逃れたいんでしょうね。亡国の民ですね。

そうした内なる敵を多くの日本人が自分の中に持っていて、それが日本を蝕《むしば》んでいるんです。日本人、一人ひとりが誇りと正気を、常に認識していなければならない。

ストークスさん、ヒトラーが一九三九年にポーランドに侵攻して、第二次大戦の火蓋が切られた時に、イギリスは不意をつかれた。フランスがドイツに降伏したために、イギリスは孤独な戦いを強いられましたね。

後に、アメリカの大統領となるジョン・F・ケネディは、ハーバード大学の学生でした。その時に、父のジョセフが駐英大使でした。

ロンドンの父のもとで夏休みを過ごして『なぜイギリスは眠っていたか』を著して、まだ学生にすぎなかったのに、いまでもジャーナリストや、ライターにとって最高の栄誉である、ピューリッツァー賞を受賞しています。

ストークス　有名な本ですね。二つの大戦によってはさまれた戦間期のイギリスの世論は、第一次大戦の惨禍の反動として、軍備や、ナショナリズムは戦争につながるという、平和主義によって支配されていました。多くの者が、国家を軽視して、国際人という空想的なコスモポリタニズムに憧れ、エスペラント（ポーランドのザメンホフが考案した国際語）が流行《はや》りましたね。

そのためにイギリスは国防をおろそかにして、備えるのを怠った。若きジョンの本の題名のように、すっかり眠りこけていました。

植田　いまの日本の状況と、驚くほどよく似ていますね。

ドイツに対して宥和《ゆうわ》政策を行ってきた、チェンバレン首相が退陣を強いられると、ナチスの脅威に対して警鐘を鳴らし続けたチャーチルが、首相としてイギリス国民の期待を担って登場しました。

エスペラントについて言えば、日本ではエスペラントという名称だけが先行しましたが、まったく普及しませんでした。いまは全世界で死語になっていますね。

ストークス　そうそう（頷く）。私がまだ幼かったころですがね。

植田　チャーチルは、それまで右翼の跳《は》ねあがり者として、イギリス社会のなかで疎外されて、孤立していましたね。

その間、チャーチルは「外の敵を恐れるべきでない。内なる敵こそ、イギリスを滅ぼそうとしている」と、警告し続けました。

ストークス　今日の日本に、もし、チャーチルのような人物がいたとしたら、跳ねあがりの「右」（ライティスト）だといって、白い眼で見られてきたことでしょう。

だから、三島由紀夫はいまでも、「極右」と決めつけられているんです。

植田　今日の日本は、まったく無責任な平和主義によって病んで、脊髄まで冒されています。

私たちが何よりも恐れなければならないのは、チャーチルが言ったように、内なる敵です。

つまり、世界情勢も読めず、国内においては、憲法や、国防問題など喫緊の課題すら、時代にそぐわない議論に現《うつつ》を抜かし、日本と、日本人を貶める輩《やから》こそ最大の敵なのです。

慰安婦をなくすのは戦争をなくすのと同じように難しい

ストークス　ヨーロッパを見ると、一八世紀までは、ヨーロッパ大陸全土を巻き込むような戦争はなかった。戦闘は市街地ではなく、広大な平野や山間部で行われた。破壊も、死者も、限定されていた。

ナポレオンの征服戦争で、すべてが変わった。戦争が大規模なものとなり、この近代的な暴力のありかたが、ヨーロッパからアジア地域へと拡散していった。アヘン戦争なども、一例です。戦争が、社会全体に塗炭の苦しみを与えるようになりました。戦争のスタイルは、ナポレオンによって作り変えられ、ヨーロッパの戦争は戦場だけではなく、国全体を巻き込むようになった。戦争が、社会全体に大きな被害をもたらすようになり、強い国家だけしか生き残れない世界となった。

そうした過程の中で、兵士のための売春も拡大しました。かつては戦場に伴われた女性は、トロイ戦争のヘレン王女のような王族だけだったが、アメリカの西部開拓時代には、売春婦の群れが幌馬車隊のあとを追いました。また町々には売春婦が必ずいました。

今日では、シリア、レバノン、ベイルートなどの戦争地帯は、パリ、ロンドン、ニューヨークとならんで、世界でも屈指の売春地帯となっています。

売春は、ビッグ・ビジネスですよ。商魂たくましい女衒《ぜげん》が、そこにビジネスチャンスを見出す。売春は、世界史で最古の商売です。売春を世の中から根絶させることは、戦争をこの世の中から消滅させることと同じに、難しいんです。

いくら憲法で戦争を放棄しても、売春防止法をつくっても、戦争と、病気と、売春はなくなりません（笑）。天災に等しい。

植田　売春は、人間の本能に根ざしたビジネスです。

もし、完全に禁止したら、一般女性が性犯罪に遭うことが、目に見えている。今日、性犯罪の蔓延は夥《おびただ》しい。だから、売春防止法があっても、厳格な運用などできない。

ストークス　戦争にともなう人権の蹂躙《じゅうりん》から、女性や子供は誰よりも保護されるべき存在です。

歴史を振り返れば、日本は戦場における性の問題に、秩序を保って対応したと見ることができます。戦場のどこであっても、女性の人権が不条理に蹂躙されることがないように、「慰安所」を設置して、対処したと考えるべきです。

性病への対応もさることながら、慰安所が存在することで、戦場において一般女性への強姦を防ぎました。

日本は、女性の人権や軍の規律に、他国よりも配慮していたと言えます。

植田　ストークスさんは、ニューヨーク・タイムズ紙時代に、ベトナム戦争を取材しましたね。

ストークス　ベトナム戦争中に、南ベトナムに入りました。慰安婦の問題は、戦争があるたびに課題となるでしょう。実際に、私もベトナムでその現実を目にしました。今日のホーチミン市にあたるサイゴンの街には、大勢の売春婦が屯《たむろ》していました。

韓国兵が、多くのベトナムの娘たちを強姦して、「ライダイハン」と呼ばれる数万人の混血児をのこしていたし、韓国の国内でアメリカ兵から外貨を稼ぐためと、また自国軍のために、国が管理して慰安婦制度を設けていました。韓国は他国のことを批判できる立場ではありません。

アメリカも、日本を占領した時にまっさきに要求したのが、アメリカ兵のために売春施設を設けることでした。これは、GHQ（連合国軍総司令部）の記録にもあります。

植田　そうでしたね。警視庁にそのような記録がのこっています。

韓国の「ライダイハン」の逸話を話しましょう。韓国軍はベトナム戦争に、陸軍の精強部隊といわれる「猛虎」と、「青龍」の両部隊を派遣しました。

ゲリラ相手の場合、韓国の方が武器も優秀で被害は少なかった。

当時、韓国の兵隊の給料は、一ヶ月日本円で一万円ほどだったが、ベトナムでは米軍の軍票で約十万円の収入がありました。それを香港で米ドルに現金化すると、百ドル分が五十ドルになったが、米軍のPX（基地内の売店）で当時、韓国では高価な品物を購入して、軍の郵便で安く韓国へ郵送して販売し、大儲けしたといいます。

おまけに、荷物にはパッキン替わりにトイレットペーパーを詰めたが、これも韓国では高く売れた。まさにベトナム成金です。「猛虎」、「青龍」部隊とも精強で、下半身も精強だったうえ、命の危険も少ない。金にも余裕があり、女性を買い漁った、と言われています。

ついでに言えば、アメリカ軍がのこした孤児を「アメラジアン」といいます。その数は膨大で、百万人もいるといいます。

ストークス　アメリカ軍は、日本が用意した、占領軍向けの慰安所を、「レクリエーション・センター」と名づけました。GHQ内部では、レクリエーション支持派と、キリスト教グループとの間で、賛否をめぐって鬩《せめ》ぎ合いもありました。アメリカに渡って植民地を築いたのは、清教徒（ピューリタン）たちですからね。ペリーも、日本の春画に顔を赤くしました。しかし、日本と呼ばれる全くの処女地を侵《おか》したのでした。

植田　キリスト教は、その親のユダヤ教と違って、セックスを穢《きたな》いものとみなしています。

ストークス　今日のマカオの賭博場での、最高のサービスはセックスです。一般の社会でも、〝慰安婦〟が厳然として存在しています。性の有料サービスが終焉《しゅうえん》する日が来るでしょうか。答えはノーです。

植田　私たちのように、品行方正な男性ばかりじゃないですからね。

韓国はソウルの国会前とアメリカ大使館前に「慰安婦像」を設置すべきだ

ストークス　慰安婦問題については、加瀬英明（外交評論家）さんと茂木《もてき》弘道（「史実を世界に発信する会」会長代行）さんが、日本を足蹴にして悦に入っている韓国に対して、風刺に満ちた論文を書いています。

加瀬さんが指摘したのは、韓国の慰安婦問題です。加瀬さんは、かつて、日韓国交正常化前から韓国を度々訪れて、実情をよく知っているから、説得力があります。当時、東亜日報などの大手新聞にも、「慰安婦」という漢字をそのまま使って、募集広告が出ていたそうです。

さらに朱玉連・金栄編著の『軍隊と性暴力―朝鮮半島の20世紀』（日本語版が現代史料出版より刊行）という、韓国の米軍、国軍向けの慰安婦についての韓国の学者が纏《まと》めた研究報告から引用して、論陣を張っています。

この報告書は、朝鮮戦争勃発により、韓国に米兵相手の慰安婦が誕生し、彼女たちは「洋公主（ヤンコンジュ）」（外人向け王女）、「洋（ヤン）ガルポ」（外人向け売春婦）、「国連夫人」（ユーエヌプイン）などと呼ばれ、また、米軍のための売春地区は「基地村（キチジョン）」と呼ばれていたと、指摘しています。

さらに、慰安婦の目的を、「第一に一般女性を保護するため、第二に韓国政府から米軍兵士に感謝の意を示すため、第三に兵士の士気高揚のため」と、報告しています。この韓国版の「慰安婦」に関する研究発表がされると、国防部資料室にあった、「韓国軍慰安婦関連資料」の閲覧が、禁止されました。

加瀬さんは、「ソウルの国会と、アメリカ大使館前にも、慰安婦像を設置することになるのだろうか」と、痛烈な皮肉で締め括っています。

植田　こうした事実が、もっと多くの人によって、知られなければいけません。韓国こそ、自国の女性を慰安婦に仕立て、米軍に売っていたのです。その事実を隠蔽《いんぺい》して、自分たちが一方的に被害者であるかのような顔をしています。

ストークス　茂木さんの論文は、いま、外国特派員のあいだで、よく知られた存在になっています。

英語でそうした反論を世界に発信している団体は、他にありません。

植田　その団体の会長が、加瀬英明氏ですね。心ある国民の有志からの献金によって、活動が維持されています。本来は外務省が行うべきところを、やらないから、民間でかわって展開しているのです。

因《ちな》みに、平成二十八年度の外務省の戦略的対外発信の予算は、二十七年度補正一九六億円と併せて、五四一億円もあります。多くの項目がある中で、―領土保全、歴史認識等の重要課題への取り組み―が、一番最初に掲げられています。

不思議なことに、目に見える効果が、まったくと言っていいほど反映されていません。どこに使われているのでしょうか。これでは外務省に非ず、害務省ですね。

日本人が日本を貶める醜さ

ストークス　「慰安婦」という表現は、それ自体が婉曲表現（ユーフィミズム）のように感じられて、なんだか、ストレートに受け入れ難いものです。

日本人や、韓国人は、そうした婉曲表現が受け入れられるのかもしれませんが、欧米人には、うさんくさく感じられます。「性奴隷」という表現のほうが、真実のようでしっくりきます。

これは、アメリカの奴隷制時代の黒人女性などのように、歴史上存在して、体験があるから、実感できるわけです。ヨーロッパでも、集団レイプや、大虐殺もしばしば行われたので、さもありなんと、ストレートに受け入れられるのです。

「性奴隷」は、実に忌まわしい表現だが、実際に性奴隷が存在したので、「慰安婦」という表現は、忌まわしい実体に、化粧をしているように響きます。実体を隠しているように聞こえるのです。

植田 だけど、マッカーサー司令部が、GI―アメリカ兵の性処理施設を「レクリエーション・センター」と呼んだのと、同じことじゃないですか。

いまでも、アメリカが中東などの戦闘で、無人機によって女性や、子供や、民間人を殺すと、公式文書で「コラテラル・ダメージ」（副次的な被害）と、呼んでいるじゃないですか。

ストークス （苦笑）日本の「慰安婦」の実体は、もちろん「性奴隷」などではまったくない。売春婦でした。「性奴隷」という表現を使い出したのが日本人だったから、始末が悪い。

外国メディアは、この「さもありなん」と思わせる表現に飛びついて、喜んで発信しました。靖国参拝問題も、南京大虐殺も、そして従軍慰安婦問題も、発信源は日本人でした。

日本外国特派員協会での橋下大阪市長の記者会見の時には、かつてないほどの報道陣が集まりましたが、多くが日本のメディアでした。若いカメラマンや記者が多かったのに、驚きました。

どうも戦争と病気と天災は、なくならない永遠の課題であるように、この「慰安婦」をめぐる問題は、私を不愉快（ディスコンフォート）にさせます。ディスコンフォート・ウーマンです。

植田　遠く離れた戦場では、束の間、女性の姿を想像したり、写真や洋服を見たりすると、男は興奮すると言います。当然、兵士が性衝動を処理することが必要となる。肉体的、精神的な必然性というか、必要悪のようなものでしょうか。だから、口にしたり、考える時に、不快になるんですね。それに兵士は若いんですからね。

謝罪は罪を認めること、認めれば償いが伴う

ストークス　いずれにしても、「慰安婦問題」が大きく報道されて、世界に発信されました。日本人は邪悪（イーヴィル）な存在だというイメージが、全世界に広められた。

「世界史で、唯一つ、若い女性を狩って、外国へ連れ去り、その肉体をコマぎれに売りさばくという悪を犯した国民」といったイメージが、世界の人々に植えつけられてしまいました。

内閣官房長官だった河野洋平氏が、慰安婦問題について遺憾の意を表明しましたが、事態は収束していません。しかも、河野洋平氏は韓国の要請によって、遺憾の意を表明したにも関わらず、無知蒙昧な論述を、今では厚顔無恥に開き直って正当化している。見るに見かねます。

日本人同士では、「すみません」と軽く謝ることで、帳消しにしてもらえるという文化があります。「もう謝っているのだから、許してあげようじゃないか」と、そういう和の慣習によって対立を解消してきました。

罪のないところに罰はありません。東京裁判では連合国側に、法の基本である、罪刑法定主義をことごとく無視され、無実の罪を着せられました。不当きわまりありません。

しかし、国際社会では、謝罪するのは罪を認めることを意味し、認めた罪は、その償いをしなければならない、ということになります。

植田　日本の生活習慣は、日本の外では通用しません。日本語が外国人に通じないのと同じように、手振り、身振りからはじまって、伝統も、考え方も、習慣だって大きく違いますからね。ほとんどの外国人は即物的で、拝金主義で、情や心は通じません。

ストークス　河野談話は、日本の国際社会における立場に、大きな禍根を残すこととなりました。日本は和の文化ですから、悪いと思わなくても、詫びる。西洋も、中国も、対立（アドバーサリー）の上に、人間関係がつくられている。

さて、日本はどのように対処すべきなのか。私の答えは、日本はすべての事実を明らかにすべきだということです。中国や、韓国の謀略宣伝者（プロパガンディスト）たちは、日本が反駁《はんばく》しないことを逆手に取って、そのことを謀略宣伝（プロパガンダ）に利用することによって、効果を強めています。今後も手を替え、品を替え、次々と新手で日本を糾弾してくるでしょう。

植田　日本人は、和を大切にするので、内弁慶というか、外に自分を発信する文化、ディベートが上手くありません。自分たちの言い分を分からせるのが下手なのです。

日本人同士では、お互いの心を読んで、以心伝心で通じあいますから、自己主張しないんです。真実であっても、声を大きくして自己主張することを、日本人は快しとしない。でもこれでは、国際社会では著しく不利になってしまいます。

ストークス　この「慰安婦」問題は、このままでは繰り返し、日本がずっと世界中から糾弾され続けられます。とんでもないことです。これは、尋常ではない（アノーマラス）、異様（ウィアード）なことです。

世界の日本に対する認識と、実際のそれとのあいだに、いかに大きな乖離《かいり》があるかということです。それが歴史観であろうと、日本文化の本質であろうと、乖離の大きさは変わりません。その溝を埋める努力を、日本人がしてこなかった点は否めない事実でしょう。

日本人自身が自覚しないことには、世界に発信することも、解決も覚束《おぼつき》ません。

植田　床屋の前には、赤白青のサインポールが置かれていますね。それを見て、理髪店だとすぐ分かる。私に提案がありますが、あの韓国の慰安婦像を、日本で、性風俗店のサインポールにして、ソープランドや、セックス・マッサージ屋の前に置くんです。ソウルの国会議事堂やアメリカ大使館の前にも、ついでに、麻布の韓国大使館の前にも、日本中の韓国公館の前にも置いたらどうでしょうか。

「私たちは性奴隷ではありません」とか、碑文を入れてね。

ストークス　アッハッハッ（大爆笑）

「慰安婦」は、「性奴隷」ではありません。当時は合法的だった売春婦かシロウト娘が、女衒《ぜげん》によって集められて、軍人相手の商売をしていたというのが、実態です。

もちろん、そうした売春婦のなかには、親に身売りをされたり、不幸な身の上を余儀なくされた女性たちもいたでしょうが、「性奴隷」などでは、まったくなかった。

日本人によって、「性奴隷」という表現が発信されることが、最大の問題です。日本は歴史上で、奴隷制度がなかった珍しい国であり、国民だった。

さて、日本と韓国は、日韓合意により、二〇一五年十二月に「慰安婦問題」は解決しましたね。元慰安婦を支援する「和解、癒し財団」を韓国に設立して、日本政府は、財源として十億円を拠出しました。これで「慰安婦問題」は、完全かつ不可逆的に解決したはずですよね。

植田　いやいや、そうはいかないのが日韓関係でね。慰安婦像を撤去することが条件であったにもかかわらず、「あれは民間団体がやっていることなので」と、韓国政府は逃げてしまう。元慰安婦や、遺族らへの見舞金を支給する段階になって、六割以上が受け入れ姿勢をみせると、韓国挺身隊問題対策協議会ら反日団体が、しゃしゃり出てきて邪魔をする。政府は、金を受け取ったにもかかわらず、口出しができない。合意を履行していない。その上、韓国政府は安倍首相による謝罪文など、合意事項に含まれていない追加要求まで図々しくしてきている。

この日韓合意は、文書化されておらず、口約束だと、韓国側は強弁しています。

しかし、約束は約束です。信義に悖《もと》ることを平気でやるのが韓国です。

朴槿恵大統領は、二〇一七年三月十日、一九四八年八月十五日に大韓民国（韓国）が樹立して以来、憲政史上はじめて弾劾審判で罷免されました。韓国では、今後、誰が政権を握ろうとも、国民の声は強く、その声に抗し切れないでしょう。何せ情治の国ですからね。

また、弾劾審判中、国政が混乱するなかで、釜山の日本総領事館前の公道に、少女像が設置されました。

外国公館は、ウィーン条約で、尊厳と安寧を保証されることになっていますが、韓国では守られていません。

これから先も、約束を履行するどころか、何度も〝ちゃぶ台返し〟をしてくる恐れがあります。

そこへ、宗主国よろしく中国が割り込んできて、韓国の慰安婦の横に中国人の慰安婦像を並べて、二人の慰安婦像を広く拡散して、設置することを企んでいます。

韓国や、とくに中国は、国際的な裁定を破ることを、歯牙にもかけない。

始末に悪いことは、セックス・スレイブという名称を世界にひろめた、戸塚悦朗弁護士をはじめ、社民党の福島みずほ代議士の事実上の夫である海渡雄一弁護士、吉見義明中央大学教授ら、日本人に有るまじき行動をする売国奴らが中心となって、日中韓などの反日民間団体が、慰安婦問題をユネスコの世界記憶遺産に登録するよう、目論んでいます。このままでは、慰安婦像は増えることはあっても、残念ですが、減ることはないと思います。

こんな理不尽がまかり通るようでは、日本は、ユネスコへの三十九億円にものぼる拠出金は凍結するべきです。

第三章　日本なしに中国、韓国は近代化はできなかった

満州国の士官学校に血書志願した朴正煕大統領

ストークス　私は取材のために、朴正煕《パクチョンヒ》政権時代から、韓国に頻繁《ひんぱん》に通いました。あのころの韓国には、政治家も、財界人も、日本に親しみをいだいている人々が、多かった。

エリートといえば、日本の教育を受けた人たちばかりでしたからね。日本を、第二の祖国のように見なしていましたね。

植田　朴正煕大統領といえば、骨の髄《ずい》まで日本贔屓《びいき》でした。今日では親日国賊、反日無罪ですが、貧しい農家の五男に生まれて、日本に憧れていました。

日本の軍歌や歌謡曲を好んでよく歌った。また、大統領になってからも、側近たちと日本語で話をすることがあった。

ストークス　理解できますね。

植田　朴大統領は、岸信介首相と会食した時に、日本語で、「私の朴《ボク》という名は、韓国語でパクと発音します。だから、パクパク食べます」といって、岸首相を笑わせました。

朴青年は、日本統治時代の二十三歳の時に、慶尚北道《けいしょうほくどう》の小学校教員でしたが、日本がつくった満州国の満州国軍軍官学校―士官学校に入校したくて、受験年齢制限を超えていたために、血書まで書いて志願しています。

士官学校に入校するには、年齢制限があるのと同時に、未婚者でなければなりませんでした。朴正熙は入籍はしてなかったが、妻子がいたことも入学条件に合致していませんでした。長女がいました。

入学にあたり、妻子と別れましたが、大統領に就任してからも、陰で長女（韓丙起・元国連大使夫人の朴在玉）を支えました。朴槿恵《パククネ》現大統領の姉にあたります。朴槿恵大統領は彼女の存在を一切認めていません。曖《おく》にも出しませんね。

両親が暗殺されたという生い立ちもありますが、陸英修夫人なき後、朴槿恵大統領は、父、朴正熙大統領のファースト・レディー役を務めましたが、父が暗殺されると、それまでの側近は掌を返すように、冷たく去っていきました。国会議員から大統領になるまでは、妹や弟をかかえて孤立した人生を歩みました。冷情《ネンジョン》な女と言われる所以《ゆえん》ですね。世間知らずで、犬と、友人である崔順実《チェスンシェル》の他には、頼りにする側近も少なく、権力に阿《おもね》る者ばかりで、国政をあらぬ方向に導いてしまいました。

当時の満州の日本語新聞『満州新聞』が、一九三九年三月三十一日に、「血書　軍官志願　半島の若き訓導《くんどう》から」という大きな見出しを組んで、朴教員のことを大きく報じています。当時、旧制小学校の教員は、訓導と呼ばれていました。

「二十九日治安部軍政司徴募課へ朝鮮慶尚北道慶西部公立小学校訓道朴正煕君（二三）より熱烈なる軍官《ぐんくわん》志願《しぐわん》の手紙が、戸籍謄本、履歴書教範検定合格証明書とともに〝一死以テ御奉公朴正煕〟と血書した半紙を封入、書留で送付されて痛く係員を感激せしめた。同封の手紙には『（前略）日系軍官募集要項を拝讀しますと小生は凡《すべ》ての条件に不適合の様であります、甚《はなは》だ恐懼《きょうく》の至《いたり》と存じますけれども御無理を申しあげて是非國軍に御採用下さいませんでせうか（中略）日本人として恥ぢざるだけの精神と気魄とを以て一死御奉公の堅い決心でございます、しっかりやります、命のつゞく限り忠誠を盡《つく》す覚悟でございます』」

朴教員の写真入りです。「日本人として恥ぢざる」といっています。

ストークス　植田さんは、よく、この記事を捜しましたね。（新聞のコピーを手にとって）いまの日本人も書けないような、立派な日本語じゃないですか。

私が、一九六八年に初めて韓国を訪れた時は、韓国はまだ貧しい国でしたよ。朴正煕は清廉な日本精神を身につけていましたね。日本が残した物的、精神的遺産と、日本からの公的な経済協力資金を土台として、二十年間で韓国を現代的な国へ作り変えました。「漢江の奇蹟」と呼ばれました。朴正煕大統領が現代の韓国を作り上げた。暗殺されなければ、さらに業績を積み上げたと思いますね。

植田　一九一〇（明治四十三）年の「日韓併合」（合邦）後の朝鮮経営にあたり、朝鮮（日韓併合後）全土にわたって、学校や病院を建て、農地、灌漑《かんがい》、鉄道網を整備し、重工業まで興し、インフラを整備するために、日本から莫大な資金を持ち出したという、日本の協力が踏み台となった過去の事実を、今日の韓国は、完全に抹消してますよね。

満州国といえば、ストークスさんは、かつて外国特派員協会（プレス・クラブ）のドンだった、ヘッセル・ティルトマン老人を、ご存じでしたね。

ストークス　とっても尊敬する先輩です。もちろん、よく知っていました。

植田　吉田茂首相の親友としても有名でしたが、一八七八年生まれですから、吉田首相より、九歳年上ですね。イギリスの名門新聞の『マンチェスター・ガーディアン』紙の日本特派員を、戦前からつとめました。

ティルトマン氏は、二・二六事件の前年の昭和十（一九三五）年に、日本に赴任してきました。ティルトマン氏は、週刊新潮に『日本報道三十年』（加瀬英明訳）と題する五十回の連載を執筆して、新潮社から本になっています。戦前、満州国を取材しましたが、「素晴しき新生国家」と呼んで、「日本は何もなかった荒野から、素晴しい新しい国家を創った」と、手放しで絶賛していますね。

ストークス　ヘッセル（ティルトマン氏）は「日本外国特派員協会」の設立に尽力し、三度、協会の会長を務めた優れたジャーナリストであり、古い型の本当の紳士（ジェントルマン）でした。

植田　私の読んだ、この『日本報道三十年』のなかで、ティルトマン氏は、日本が他民族共生国家をつくりだそうとした努力を高く、正当に評価しています。イデオロギーに偏ることなく、公平です。満州国を何回にもわたって視察し、取材旅行した時のことを、こう書いています。

ちょっと長くなりますが、引用しましょう。

「日本の帝国建設者たちは、それだけの大きな成果をあげていた。西方の列強諸国をはじめ世界中の国々は、日本が満州を〝侵略〟したと非難し、満州国を〝承認に値しない国〟と呼んでいたが、この時、働きバチのような日本人はさらに発奮した。

公平にみれば、日本人は、満州を〝模範〟国家として建設するのに、称賛されるべき仕事をしていたし、長足の進歩をもたらしつつあった。（中略）

トクガワ将軍が君臨していたころから、日本の進歩は、一つの目的に向かって全国民の力を動員するという、すぐれた資質によって生みだされてきたのである。

そして、この満州国の場合も、別のいい方をすれば、日本人は天皇のもとに一体になり、生来の規律と、団結力と、忠誠心を発揮することによって、進歩をもたらしたのであった。

満州国において、建国後わずか数年のうちに大きな進歩をもたらしたものは、何より、一家族として、一つの目的を追求する日本人の能力、ということができたのである。

事実、一九三七年には、満州では大地と気候をのぞけば、すべてが〝メイド・イン・ジャパン〟であった。

六年にわたって、何百万人という勤勉な日本人が休みなく働き、それまで日本が取り組んだもっとも大きな事業をすすめていた――未開地域のすみずみまで電気を引き、工業をおこし、法秩序を確立していった」

朝鮮は日韓併合によって近代国家になった

植田　引用を続けましょう。

「日本がこの満州国につぎ込んだのは、人的資源だけではなかった。集中的に建設をすすめるため、あまり豊かではなかった日本が、当時の交換レートで三億七千五百万ドルの金額を負担していたのである。

しかし、このおかげで、満州国は文字どおり二十世紀に引き入れられたのであった。一九三一年以前の満州は、いくつかの眠ったような地方都市、日本の〝満鉄付属地〟、東シナ鉄道を中心としたロシア権益地帯をのぞけば、あとは、広大な農地が果てしなく広がっているばかりだったのである。

満州の名物は〝大豆と凍傷と匪賊《ひぞく》〟ということができた。満州国が誕生しても、凍傷（もちろん、冬の間だが）と、大豆が満州名物であることに変わりはなく、匪賊も依然として関東軍を悩ませていた。

しかし、歴史の歩みとともに、文明の進歩をはばんでいた中国の軍閥、ロシア権益地帯、眠ったような中国の地方都市は、すべて姿を消していったのである。

そして、広大な原野は、測量器を手に情熱にあふれた、精力的な小男たちによって、徐々にではあったが、着実につくり変えられつつあった。また、この土地にかつて知られなかった〝治安〟が、もたらされたのである。

張作霖《ちょうさくりん》元帥が満州の民衆に教えたことといえば、中国の長官と匪賊のちがいは、ただ長官が胸いっぱいに勲章をつけている、ということだけであった（中略）」

ストークス　（笑）

植田　「長春、奉天（現・瀋陽）、哈爾賓《ハルビン》のような各都市は、驚くべき速さで近代化されつつあった。
とくに、日本によって新生国家の首都に選ばれ、新京と改名された長春では、人口が五年間に倍増し、さらに五年先には、このまた倍にふくれあがると予想されていた。疲れを知らぬニッポンの帝国建設者たちは、次々と官庁建物、住宅街、商店街、病院、学校、道路を建設していったのだ。

私が、はじめて新京を訪れた時に、旧中国街から半マイル離れたこの新都市は半ば完成していたが、旧市街と新市街をくらべてみると、そこには三世紀の時間的へだたりが感じられるようであった」


ストークス　私は一九一〇年の日韓併合後に、貧しく、数百年にわたった李朝の酷政によってもたらされた、まったく惨めな状況にあった朝鮮が、日本の手によって、見事に近代社会につくり変えられたことを、多くの当時のイギリスや、アメリカのジャーナリストが報じたレポートで、読んだことがあります。

日本の台湾統治についても、まったく同じことがいえますね。日本が光をもたらした。

もし、日韓併合が行われず、朝鮮が中国の属国であり続けたか、日本が日露戦争に敗れて、朝鮮半島がロシアの支配を受けていたとしたら、今日、韓国の発展の水準は中国の一部か、ロシアの極東部と変わらなかったことでしょう。

台湾も、日清戦争後に日本の一部とならなかったら、昔、流刑地で荒れ果てていた、海南島のようなことになっていたことでしょう。

植田　今日の日本では、知識人たちが、「満州国は日本軍閥の傀儡《かいらい》国家だった」と、いっていますね。多くの日本人が、台湾、朝鮮の近代化のために、台湾人、朝鮮人のために、良心的に、献身的に努力をしたのと同じように、満州国の建設のために奮闘しました。日本人は、先人を振り返って、大いに誇るべきです。

ストークス　満州国はヘッセルが書いているように、あの地にはじめて、近代国家の基礎が築かれて誕生したのですから、高く評価されるべきものでした。

だが、もし、日本がルーズベルト大統領が仕掛けた罠にはめられて、先の大戦を戦わなかったとすれば、満州国は現在の台湾か、韓国の巨大版のようになって、大発展をとげていたことでしょうね。

植田　いま、世界を席捲しているニッサン自動車も、満州国生まれですね。

私は日教組による教育を受けたおかげで、満州国は、日本がつくった傀儡国家だとばかり信じていたんですが、ティルトマン氏の『日本報道三十年』（新潮社、一九六五年）を読んで、目を大きく開かされたんです。

日本はアジアを大きな家族と見て、朝鮮を豊かに発展させた

植田　ティルトマン氏が『日本報道三十年』のなかで、「日本はアメリカの占領を受けても、本質は変わらない」、また、「二千六百年も、若さを保ってきた国だ」と書いていたのも、素晴しかったですね。

この本は、二〇一六年八月に祥伝社から〝伝説の英国人記者が見た『日本の戦争・占領・復興一九三五―一九六五』〟という題名で、復刻版が出版されました。

ストークスさんは、ドナルド・キーン教授とも、親しいですね。キーンさんは太平洋戦線で情報将校として、日本兵捕虜の訊問や、日本兵の遺体から回収した、手紙や日記の翻訳をしていましたが、キーンさんの回想録、『日本人との出会い』のなかでこう書いているのを、ストークスさんは、『連合国戦勝史観の虚妄』のなかで、引用していますね。

「ガダルカナルを餓島《がとう》と呼んだ日本軍の兵士たちの困苦は、私に圧倒的な感動を呼び起した。アメリカ軍の兵士の手紙には何の理想もなく、ただもとの生活に戻りたいとだけ書かれていた」、「大義のために滅私奉公する日本人と、帰郷以外のことにはまったく関心を持たないアメリカ人、日本の兵に対して驚嘆を禁じえなかった。そして結局、日本人こそ勝利に価するのではないかと信じるようになった」

ストークス　ドン（ドナルド）とは、多年にわたって、親交を結んでいます。日本も、帝国主義的

（イムペリアリスティック）な側面を持ってはいましたが、その在り方は、まったく欧米の植民地支配と異なります。それに、帝国主義という恐竜（ダイナソア）が横行していた世界で、日本は自衛するために、帝国主義の道を歩まざるをえなかった。

欧米の帝国主義、植民地支配は、ひと言《こと》で言ってみれば搾取です。下等な有色人を奴隷のように酷使して、そこから利益を収奪するという構図です。

大英帝国をはじめ、白人のどの帝国も、本国の繁栄は植民地からの搾取で成り立っていました。ところが、日本の朝鮮と台湾統治は、まったく逆でした。日本の巨額の持ち出しです。これは、欧米列強の植民地支配の概念ではあり得ない。まったく逆の発想というか、欧米人から見たら、逆立ちした統治の在り方です。

日本の帝国主義（イムペリアリズム）は、「八紘一宇《はっこういちう》」という言葉にあるとおり、世界がまるでひとつの家族のようであって、日本はその家長として、家族のめんどうを見て、養っていくイメージがあった。

植田　そうそう。日本人は戦前のほうが、今日の日本人よりも、他のアジア人を身近な兄弟として、感じていました。

満州国建国のスローガン、「五族協和」（日本、朝鮮、満州、漢、蒙古）もそうですね。だから、「アジア解放」、の美しい夢を見たのでした。

いまの日本人は、情ないことに、欧米を真似た擬似欧米人として、身を窶《やつ》しています。

ストークス 大東亜会議にも、「五族協和」のイメージがピッタリと当てはまります。それゆえに、欧米列強から見ると、大東亜会議の参加国、参加勢力は、日本の傀儡（パペット）としか映らないのでしょう。いま、日本の多くの知識人が、大東亜会議は、日本がアジアの傀儡を集めて開いたといっていますが、このような日本人こそ、アジア人を蔑視する傀儡ですね。

しかし、欧米帝国主義下でのアジアや、アフリカの植民地支配と、日本の朝鮮、台湾統治やアジア同胞との関係は、まったく違ったものであることを、ハッキリと世界に知らせる必要があります。

植田 大東亜会議は、一九四三（昭和十八）年十一月五日に、国会議事堂において開幕しました。大東亜会議は、開戦後三年目に入ろうとするのに当たって、日本の戦争目的を、世界と後世へ向けて宣明するものでした。

日本の東條英機首相、中華民国国民政府行政院院長の汪兆銘《おうちょうめい》、タイのワンワイタヤコン首相代理殿下、満州国の張景恵《ちょうけいけい》国務総理、フィリピンのラウレル大統領、ビルマのバー・モウ首相、自由インド政府のチャンドラ・ボース主席が、一堂に集まりました。日本はこの年八月にビルマと、十月にフィリピンを独立に導きました。

大東亜会議は、有色人種のリーダーが集った、人類史上初めての、歴史的サミットでした。

大東亜会議では、翌六日に、アジア各国が協同互恵の原則のもとに、伝統を重んじ、創造性を伸長し、文化を高揚し、経済を発展させ、「大東亜各国は協同して、大東亜の安定を確保し、道義に基づく共存共栄の秩序を建設す」と述べて、「大東亜各国は、万邦と交誼《こうぎ》を篤《あつ》うし、人種的差別を撤廃し、普《あまね》く文化を交流し、進んで資源を開放し、以て世界の進運に貢献す」と結ばれ、全会一致によって、『大東亜共同宣言』が採択されました。

ストークス　実は『連合国戦勝史観の虚妄』を出した時に、日本の保守派の方々から「満州国と朝鮮（韓国）併合のことが欠落している。そのことを書くべきだ」という指摘を頂いたのです。

また「国際連盟より、委託統治を日本が任された、パラオなど南洋群島のことも書いて欲しい」とも、求められました。

ここでひとつ、ハッキリさせておかなくてはならないことは、日本の統治は欧米による帝国主義的な、いわゆる「植民地支配」とはまったく違った、人間的な統治だったという、歴史の事実です。この点を、日本はもっと世界にアピールするべきです。

植田　西洋史の大きな出来事である大航海時代は、アジア・アフリカ民族にとって、大きな災禍でした。ヨーロッパ人は富をえるために、力によって未知の地を支配して、ほしいままに略奪して、本国を富ませるために、競い合いました。
十八世紀に、イギリス人のクック船長は、初めてハワイを〝発見〟し、二度目にハワイに戻った時に、族長を捕えようとして、島民の抵抗を受けて死にました。
今日でも、ニュージーランドのクック山とか、クック海峡、クック諸島など、アジア、アフリカにヨーロッパ帝国主義の醜い爪痕がのこっています。

ストークス　日本が併合する前の朝鮮の写真を見ると、ほんとうに、全国が貧民窟かと思うほど貧しい生活でした。
ところが、日本統治がはじまると、中心部はそれこそ日本の銀座かと思うような、大都会に変わっています。

植田　貧しいというと、私が一九七〇年代初頭に、はじめて報知新聞社から特派された当時の韓国は、私の小学校時代の、先の大戦の直後の日本を、彷彿して余りありました。
当時、韓国では、毎週水曜日は、米を国家備蓄するために粉食日といって、外国人でも食堂やホテルで、米を食べることが禁止されていました。

ストークス　日本が朝鮮のインフラの建設に、どれほどの予算を費やしたことか。政府支出は朝鮮半島のほうが、本土よりも多くの税金が投じられて、「地域活性化」が図られました。朝鮮発展の税金を払ったのは朝鮮人ではなく、もちろん日本人でした。

それでも、多くの日本人は文句も言わず、同じ国民となった朝鮮人のために惜しむことなく、税金を投じました。これは欧米の植民地支配と、まったく正反対の在り方です。

大英帝国が、インドや、ナイジェリアで一つでもよいから大学を創設し、軍隊に入った優秀なインド人や、アフリカ人を、イギリス兵を指揮する将校にしたでしょうか。ましてや、将官にするでしょうか。

そんなことは、あり得ないことでした。ましてや、イギリス王室が、インドの王家と婚姻を結ぶことなど、天地がひっくり返っても、あり得ないことでした。

ところが、日本の朝鮮統治は、そういうイギリス人の植民地支配の概念からすると、驚天動地の出来事ばかりが行われたのです。

植田　日本が、朝鮮半島を植民地として統治した、とするのは間違っています。日韓併合は、国と国との、まったく合法的な合邦であり、イングランドとスコットランドが合邦して、ブリテン連合王国となったのと同じでした。当時、多くの韓国民が併合を熱望しました。

韓国では、いまでも「韓日併合」と呼んでいますが、「韓」を上に置いているのは、対等な合邦だったというプライドが、潜在的に意識のなかにあるんですね。

イギリスがインドを食い物にしたような関係とは、完全に別のものです。朝鮮の発展に投入した莫大な税金を、日本国内に投資していたとすれば、日本国民が潤ったはずです。

ストークス　朝鮮人にハングルを教え、識字率を大きく高めたのは、日本でした。日本統治のもと、日本語を強制され、言語が奪われたとよく言われますが、朝鮮人に義務教育でハングルを教えたのは、日本の総督府だったのです。

日本は、東京、大阪、京都と主要都市に帝国大学を開設していきましたが、朝鮮にも日本の帝国大学を、同時期に創設しています。東北や、九州の帝国大学よりも前に、朝鮮に帝国大学をつくっています。わがイギリスは、植民地に大学をつくっていません。

こうしたことの、どこが植民地支配なのか。朝鮮（韓国）併合は、欧米の植民地支配という絶対的な主従関係ではなく、むしろ、同じ日本国民として、対等に扱おうという姿勢がハッキリと認められます。

植田　ストークスさんが、いま言われたことは、イギリスの紀行作家のイザベラ・バードの英国婦人の見た李朝末期『朝鮮紀行』に、克明に書かれていますね。

イザベラ・バードは、『朝鮮紀行』を著すに当たり、一八九四(明治二十七)年一月から一八九七(明治三十）年の間、四度にわたって、朝鮮に渡航して隈なく朝鮮中を調査している。

特筆すべきは、イザベラ・バードは、朝鮮渡航前の、一八七八（明治九）年四月に日本に来訪して、一八八〇（明治十一）年に、『日本紀行』を著わしている。

両書とも、人文科学的な視野から書かれていて、両国の当時の様子が、文化人類学的、比較紀行ではないが、当時の時代背景が克明に描写されています。

当時の日本では、「一視同仁」（差別なく平等に愛する）という言葉がひろく使われていました。欧米人がアジア・アフリカ人を、劣等な人間としてみなしていたのと、大違いですね。

第四章　原爆許すまじ——裁かれるべきはアメリカだ

ストークス　韓国の大手新聞社の論説委員が社説に、日本が原爆を投下されたのは、日本が犯した罪に対する報いだ、という主旨のことを書きました。とんでもない主張です。

もちろんアメリカは、原爆投下を正当化しています。原爆が戦争を早期に終結させ、尊い多くの人命が救われたといいますが、ウソですよ。戦争の終結に原爆を投下する必要は、まったくなかった。

おかしなことは、日本側にもある。原爆を落とされた側が、広島の平和公園の慰霊碑に、「二度と過ちはおかしません」という碑文にあるように、どうして反省しなくてはならないのか。謝罪すべきは、アメリカではないですか。

米国上院外交防衛委員会などでの、マッカーサーの証言は貴重です。東京裁判に意味がなかったことを、マッカーサー自身が認めています。マッカーサーは朝鮮戦争を戦って、初めて日本が自衛戦争を戦っていたことに気づかされたのです。

ドイツは戦後、早い段階で謝罪をしています。第二次大戦が終わると同時に謝罪をして、仕切り直しをして、戦後をスタートしました。

植田　ヒトラーは、ヨーロッパを侵略した上、ユダヤ人を大量に虐殺しました。日本はアメリカによる不当な経済封鎖を受け、止むなく自衛戦争を戦い、アジアを欧米の植民地から解放しました。

その結果、サンフランシスコ平和条約が発効するまで、七年間も全国が占領されました。これも部分占領をうたった「ポツダム宣言」違反です。なぜ、日本はドイツのように対応しなかったと思いますか。

ストークス　日本は占領が終わった時に、遺憾の意を表明できたかもしれませんが、難しかったでしょう。当時の日本政府には、吉田首相をはじめとして、先の戦争に当たって、日本にも言い分があることを知っている気骨ある人々がいました。

ドイツは、ヒトラーがユダヤ人に対して犯した罪が明白だったので、謝罪せざるを得なかった。戦争を仕掛けたのもドイツだと、はっきりしていた。

日本国憲法は日本「属国化」のための手枷《てかせ》足枷《あしかせ》である

植田　先の大戦は、アメリカによる奸計です。日本は悪いことをしていません。

憲法問題が、いまだに尾を引いています。現行の憲法は、日本人が作った憲法ではないからです。現在の「平和憲法」を護持するべきか、自主憲法を制定するか。大きな争点となっています。そもそも、巷間いわれる自主憲法という言葉こそ、おかしい。憲法は、自主が当然ですよ。

ストークス　占領下で、基本法である憲法を強制することは、明白な国際法違反です。

マッカーサーは、国連憲章や、米国憲法を引用して、即席に、わずか一週間で日本国憲法を作らせました。その作業にあたったスタッフのなかに、憲法の専門家が一人もいなかったんです。スタッフのなかに、一人の若いユダヤ系ドイツ人の女性がいました。憲法作成の中心的だったチャールズ・ケーディス大佐が、日本国憲法のなかの女性の権利に関する条項を、彼女ただ一人に任せました。

植田　ベアテ・シロタですね。両親がユダヤ人音楽家で、大戦直前に日本人の友人たちの手によって日本に招かれ、ナチス・ドイツの毒牙から救われました。

来日した時、日本の友人と親しかった広田弘毅前首相（当時）がアメリカ大使館に口添えして、開戦前にアメリカ留学することができた。アメリカは、ナチスから逃れてきたユダヤ人を受け入れることを拒んでいたから、日本政府のあと押しがなければ、アメリカへ渡れなかった。

日本が大恩人であるのに、終生、自分が日本国憲法を書いたことと、日本がいかに女性を蔑視する野蛮な国であったか、得意になって自慢していました。日米が開戦すると、アメリカ軍のために働いて、こともあろうに、大恩がある日本の潜水艦の探知に当たったということを、自慢していました。ひどい話ですね。

そして占領軍の一員として、日本に戻ってきた。その後もしばしば来日して、高い講演料やインタビュー料をむしりとって、荒ら稼ぎをしていた。

日本が日露戦争に当たって、高橋是清日銀副総裁が、アメリカ、イギリスに渡って戦費調達に奔走した時に、理解を示したユダヤ人が、日本国債を大量に買って資金援助して援けてくれたことから、私はイスラエルの応援団ですが、このベアテという女性だけは、ユダヤ人の風上におけない。

大東亜戦争によって世界の秩序を変えた日本

ストークス　日本を弱体化し、幼児並みの国にとどめておくための枷《かせ》が、日本国憲法です。第九条は、日本を　無力化しようという意図が、ありありと盛り込まれています。憲法前文で誓約させられていることは、「日本人は、その生存をアメリカに委ねる」ということです。こんな憲法を保持していて、どうして独立主権国家だなどと言えるのでしょうか。

こうした日本の位置を変えさせないための枷《かせ》が、国民の三分の二以上の賛成がないと憲法を改正することができないという、第九十六条です。

植田　日本国憲法は、国際法を踏みにじって、日本を属領とする、憲法を装った不平等条約です。「日本国憲法」を押しつけたのは、言ってみれば、米国によるレイプでした。この「憲法」をありがたがっている人々は、レイプされたことを喜んでいる女のようなものです。

巷間「平和憲法」などと言っていますが、憲法の条文を守れば平和が永久に続くのでしょうか。また、呪文のように平和を唱えさえすれば、平和は訪れるものでしょうか。平和は努力して確保するものです。

日本はアジアを侵略したと言われますが、アジアでは日本に感謝の念を持つ国が多いのが現実ですよ。

ストークス　欧米では、大東亜会議は、日本の「傀儡（パペット）」が集まったにすぎないと、位置づけられています。しかし、東京に新しいアジアの国々のリーダーが集ったことは、歴史の事実です。

特筆すべきは、インドのオブザーバーとしての参加があったことです。当時まだ、インドは独立しておらず、チャンドラ・ボースの参加は、完全独立を目指す、「自由インド仮政府首班」としてのものでした。

また、マレーやインドネシアは、日本が占領していたが、まだ独立はしていなかったので、招かれませんでした。

日本の軍事力や技術などの助けを借りて、欧米の植民地支配から独立しよう、欧米諸国と独立戦争を戦おうという気運が、アジア諸民族のあいだで盛り上がりました。

「日本はアジア諸国を侵略した」という認識では、歴史の真実を理解することが、不可能となります。

アジア諸国の、欧米による植民地支配からの独立は、日本の進攻によってはじめて可能となりました。これは、厳粛な歴史の真実です。日本の軍事力があったから、はじめて成し遂げられたのです。

植田　日の丸が、これほど輝いたことはありませんでした。

欧米諸国は、もし、日本がアジアを解放して、救い主となったことを認めれば、欧米による植民地支配、すなわち有色人種虐待という、自分たちの罪状を認めなければならないから、日本を悪者としているんです。

ストークス　はじめ、欧米諸国には、何が起こっているのか、事態がよく分からなかった。

しかし、次第に明らかになってきたことは、アジアの諸民族が、自ら独立のために戦う決意をし、行動し始めたということでした。もはや、欧米諸国がアジアを植民地として、搾取し続けることができなくなったのでした。

「大東亜戦争」を「太平洋戦争」にすり変えたアメリカの奸計

ストークス　日本が大東亜戦争を戦ったことによって、大英帝国が滅びたのです。日本が大東亜戦争を戦わなかったならば、いまでもアジア諸民族の宗主国は、イギリスやフランス、アメリカ、オランダ、ポルトガルであったでしょう。日本が大東亜戦争を戦わなかったならば、いまでもアジア、アフリカに、ヨーロッパの植民地が広がっていたことでしょう。

アジアを支配する欧米勢力を追い払い（エクスペル）、アジア諸民族を独立させることが日本の戦争目的となりました。だから「太平洋戦争」ではまったくない。

もちろん、第一義的な目的が、アメリカの圧迫に耐えかねた、自衛のための戦いでした。戦場は太平洋だけではなく、広大なアジアでした。どうして、それが、「太平洋」戦争なのか。

だからこそ、日本はその戦争名を「大東亜戦争」と命名したのです。

日本の戦争を大東亜戦争としてとらえず、いま、日本国政府からマスコミまで、「太平洋戦争」と呼ぶこと自体が、アメリカにすっかり洗脳されてしまっている証しです。

植田　アメリカの奸計ですね。先の大戦について贖罪意識を植えつけ、自虐史観の種をまいたWGIPの一環ですね。政府や、ジャーナリズムまで「太平洋戦争」と呼んでいるのは、まったく情けないことです。

日本がアジアを解放し、独立させたのですから、正しい「大東亜戦争史観」をもって、歴史を見つめなおす必要があります。

ストークス　アメリカも、ヨーロッパ諸国も、「大東亜戦争史観」という観点から、歴史を見られたくないのです。アメリカも、ヨーロッパ諸国も、日本が「太平洋戦争」を戦ったことにしておきたい。

アジア諸国の独立をもたらした、日本の役割を知られてしまっては、欧米の「有色人種大虐待」の責任があからさまになってしまうからです。それでは、欧米の正義が崩壊します。

植田　日本神話は、神々が日本列島をつくった、「国産み《くにう》」の物語から始まっています。

先の大戦によって、日本はアジアの「国産み」という、新しい神話を編みました。

外交評論家の加瀬英明氏は映画のプロデュースもしていますが、二〇〇一年に、先の大戦中に日本がインドネシアを解放して、戦争に敗れた後に、二千人以上の日本将兵が意気に感じて、インドネシアに留まり、独立軍に加わって戦った実話をもとにした、劇映画『ムルデカ』（東宝）をつくりました。

私はこの映画に感動して、胸が高鳴りましたね。日本の将兵は、まさに神兵だったんです。大東亜が古臭いならば、大アジア戦争でもよいいんですがね。

映画『ムルデカ』について、加瀬英明氏が「人種の平等を実現した日本」と題して、講演をしています。要約してお話しますので、お聞きください。

日本は先の大戦中に、長い間、西洋の植民地であったアジア諸国を解放しました。まず、アメリカの植民地のフィリピンを、次いで、イギリスの植民地だったビルマを解放しました。

また、インドネシアについては、日本は昭和二十年九月に独立を実現することにしていましたが、その前の八月十五日に、日本が力つきて降伏しています。その時のインドネシアの独立の指導者が二人います。モハマッド・ハッタと、後輩にあたるスカルノです。スカルノは、デヴィ夫人の御主人です。

ハッタとスカルノは、日本が降伏してしまったので、急いでインドネシアの独立を自分たちの手で宣言しようとしました。これに対して、日本のインドネシアにいた軍司令官が強く反対しました。なぜなら、インドネシアが独立宣言を強行すれば、連合国が日本に報復として、天皇陛下の玉体に危険がおよぶことを心配したからです。司令官は、ハッタとスカルノを強く説得しましたが、二人は、八月十七日、日本が降伏をした二日後に、独立宣言を強行しました。

いまでも、ジャカルタの中心に、ムルデカ広場があります。「ムルデカ」は、インドネシア語で「独立」を意味します。

そこには、インドネシア独立宣言文が刻まれた、大きな石碑が建っています。その両側にハッタとスカルノの銅像も建っています。

この独立宣言文は短いものですが、最後の日付は西暦でいいますと、一九四五年八月十七日ですが、インドネシアはイスラム国ですから、まさか、キリスト教暦である西暦を使うはずがありません。ならば、イスラム暦を使ったのかというと、これも使っていません。では、何を使っているかというと、日本の皇紀です。

なんと皇紀を使って、二六〇五年八月十七日（〇五八一七）と刻まれています。

スカルノはこれについて、「我々は日本に感謝するために、日本のインペリアル・カレンダー、皇紀を年号として用いた」と、書いています。

日本はインドネシアを占領していたとき、インドネシアの将来のために、「インドネシア軍」を作りました。これは「郷土防衛隊」という名称でしたが、インドネシアでは、頭文字をとって「PETA」ペタと呼ばれています。

インドネシアでは、毎年八月十七日になると、インドネシア独立記念祝典が行われます。この式典はPETAの軍服、これは日本軍の軍服と同じですが、その軍服を着て、日本刀を吊った将校たちが出てきて、インドネシアの国旗を掲揚するのにあたって、敬礼をするところから始まります。そして、毎回インドネシアの若い女性たちが、必ず日本の『愛国の花』などの、愛国歌をメドレーで合唱します。

「ムルデカ」は、日本の軍人たちが、インドネシア国軍を養成し、日本が戦争に敗れると、インドネシアにいた日本兵二千人以上が、インドネシアの独立のために命を捧げる覚悟をして、インドネシア独立軍に加わって戦い、千人以上が戦死され、戦死された方が、インドネシア国軍の英雄墓地に埋葬されているという物語を、映画にしたものです。

その映画の中で、主人公は実在の日本人青年将校がモデルです。故国に新妻を残して、敗戦後、インドネシアに残留、インドネシア人と一緒に独立戦争を戦い、勝利をおさめる。

だが、インドネシア人の恋人と喜びに浸っている最中《さなか》に、オランダ兵に狙撃され、恋人の腕の中で息をひきとる。そのシーンで、私は、インドネシアの恋人に、こういう台詞を書きました。

「タケオ、死なないで！日本は国家として戦争に敗けたけれども、民族としては勝ったのよ！」

先の大戦に、国としては残念ながら敗れましたが、民族としては、日本が勝ったと私は信じています。

もし、日本が日露戦争に勝つことなく、先の大戦にあれだけ大きな犠牲を払って、戦うことがなかったとすれば、まだ、世界の大半が驕る白人、キリスト教徒の泥靴のもとに踏みにじられて、植民地として苦しんでいたはずです。

ミズーリの艦上のことですが、日本は敗れたといっても、重光全権も、私の父親（加瀬俊一北米課長兼外務大臣政務秘書官）も、日本がアジアを解放するという戦争目的を達した、民族の宿願を果したのだという誇りを持って、甲板を踏みました。私は、その誇りをよく理解することができます。

と、加瀬英明氏は、講演を結んでいます。

ここで、日本の終戦にいたるまでの、加瀬俊一初代国連大使について、『大東亜戦争　収拾の真相』（芙蓉書房）から、著者の松谷誠氏（戦争中期より終戦時まで、大本営陸軍部戦争指導課長、首相・陸相秘書官）の加瀬俊一氏（当時外務省北米課長、外務大臣政務秘書官、情報部長）への所感を引用したい。

「加瀬氏と私との親交は、昭和十八年四月、重光氏が外務大臣となり、加瀬氏が重光大臣の秘書官であった頃から始まった。戦争間および戦後にわたる私の後半生に、軍人以外で最も深い影響を与えた人物は同氏である。

外交は終戦指導の主軸であるが、私は持論として、外交は外交官が担当すべきであり、軍人が得意がって外交を行うことは、戦時といえども一考を要するという主張であった。外交には全く未経験の私が、軍部側にあって、戦争指導および戦争処理の業務を何とか遂行し得たのは、加瀬氏の俊敏な外交感覚と軍部内では知り得ない内外情報の示唆とによるところ大なるものがあったといわなければならない。

加瀬氏が戦争間および戦後私にヒントを与えてくれた実例としては、次のような事項がある。

昭和十八年春夏の候における米英国力の実相、十九年夏頃のドイツ戦争指導層の混乱（ヒトラー暗殺未遂事件）、十九年初冬ソ連革命記念日（十一月七日）におけるスターリン演説等によるソ連の対日態度の変化、二十年四月ソ連の日ソ中立条約破棄の真意、同年七月のポツダム宣言の解釈、二十一年以降の極東国際軍事裁判のからくり、等。

戦争間、とかく客観的正鵠な判断をしかねていた軍部側に対し、頂門の一針（傍点・植田）―痛切な戒め―を与えてくれた加瀬氏の友情は、終世私の忘れ得ぬところである。特に昭和二十年四月末、私が陸軍大臣秘書官から総理大臣秘書官に転勤して以来終戦に至るまでは、加瀬氏とは本当に一心同体となり、激しい空爆下に終戦工作に努力した次第であった」


加瀬俊一初代国連大使が退官された後、私は交誼《こうぎ》を賜り、教えをいただいたが、氏は一切、自分をひけらかすことはなかった。外交官としての矜持《きょうじ》と信念が窺える、この一書の一文は、忘れられない。歴史とは奥が深いものであると痛感した。


もう一つ、映画について、許されざるエピソードをお話しましょう。

これも、加瀬英明氏がプロデュースした、『プライド　運命の瞬間《とき》』（東映）という、東條英機首相と、インドのパル判事を主人公にした映画で、日本と、被告として裁かれた東條首相の誇りを表したものです。一九九八（平成十）年に制作されて、東映から配給されました。

東京裁判は、日本を「侵略国家」ときめつけて、事後法であり罪刑法定主義に反する、ありもしない「平和に対する罪」によって裁いた、管轄権のない、裁判の名にまったく価しない蛮行でした。不正きわまりない私刑《リンチ》にすぎなかったことを証す内容でした。

ところが、試写会が行われる以前に、ＮＨＫ総合テレビの朝七時のニュースで、冒頭で村山富市前首相が訪中して、前日、江沢民国家主席と会見した時に、江主席がこの映画を非難して、村山前首相が詫びている映像が映し出されました。

村山前首相が、「まことに申し訳ありません」といって、頭を下げるところが大映しになった。その朝の朝日、読売から毎日新聞まで、各朝刊がこぞって、このニュースを一面トップで取り上げました。通常ありえない異常なことです。

村山前首相は、毅然として「民間の作った映画に、政府は関与できない」と、なぜ言わなかったのか。日本の首相経験者ともあろう者の、米搗《こめつ》き飛蝗《ばった》のような、中国の小間使か、御用商人のような遜《へりくだ》った態度に、腸《はらわた》が煮えくり返った。

東條英機首相は、「さらばなり苔の下にてわれ待たん 大和島根に花薫《かお》るとき」という、辞世の句を残しています。（大和島根は日本国の別称）潔く国に殉じた、信念と、誇《プライド》りがあります。

ストークス　日本が海外で誤解されて、立場が正しく認識されないのは、日本が効果的な発信をしていないからです。日本の立場を擁護する主張が、英語で発信されてこなかった。あったのは、謝罪だけです。

加瀬さんとは違った観点で、私は、大東亜戦争は日本が勝ったと、痛切に感じています。

日本はイギリスをモデルにして「諜報世界」に強くなる必要がある

植田　日本はインテリジェンス──諜報の世界でも、大きく遅れているんじゃないですか。世界を動かしているのは、情報戦であり、諜報戦です。日本には、小型のＣＩＡ（アメリカ中央情報局）のような、政府機関もない。どこの国にだってあるスパイ防止法も、存在していません。イギリスでは、ジェームズ・ボンドという有名なスパイが、スクリーンのなかで活躍していますが、現実にイギリスの諜報活動は大変優れたものであるといわれていますね。日本も、イギリスを見習って、諜報に力を入れるべきではないでしょうか。

ストークス　イギリス人は、アメリカ人よりも、スパイに向いています。アメリカは、イギリスと比べると、個人の権利が、法律によってはるかに固く守られています。最近のサイバー世界でのアメリカの諜報活動についての賛否両論も、そのことを象徴しているものです。

アメリカ政府は事実上インターネットや、誰の電話の会話であっても、盗聴することができる状況にあります。どこにいても、何をしていても、盗聴されている。何年にもわたって、インターネットや、電話の会話が盗聴されていました。大騒ぎとなっているのは、個人の人権の問題があるからです。

私は個人としても、あるいは組織としても、諜報の世界に関与したことはありません。そう前置きしたうえで、イギリスが、諜報の世界で、もっとも強い立場に置かれているという印象を、私は持っています。

イギリスの平和は、周辺諸国がイギリスを侵略してこないことによって、守られています。この意識は、歴史的な体験から、DNAに刷り込まれています。

イギリスの周辺諸国が、何度も何度も、イギリスに対して侵略を試みてきたことで、この島国を防衛するには、他国が侵略の意図を持っているかどうかを、事前に把握するしかないんです。

もちろん、相手が「これから貴方の国を侵略しますよ」と、事前に教えてくれるワケもないので、相手の様子を把握しようと努めるわけです。

植田　日本は、地政学的にもイギリスによく似た環境のもとにおかれています。優秀なエージェントを育成しなければならないのに、日本人のなかに外国の工作員を進んで演じている者が多い。外務省の大使のなかには、商社出身で、中国の工作員同様なのがいたし、朝日新聞はまさに中国の工作機関です。

ストークス　愛国心の問題でしょう。イギリス人は愛国心のために、多少、個人の自由が制約されても、当然だと考えます。個人の生活を守ることは、周辺国が侵略をしてくるかどうかと、密接不可分です。これは、イギリスの民族意識に深く根ざしたもので、八百年ぐらいの歴史ということと、体験によって育まれてきました。周辺国がどういう意図を持ち、どういう情勢にあるのかを、把握しておかなければならないという、強い意識があります。

アメリカ人には、そうした歴史的体験が希薄なために、個人のプライバシーの保護が優先していますね。

イギリスの諜報機関であるＭＩ６があるのも、そうした歴史的背景に由来します。イギリスのスパイといえば、ジェームズ・ボンドが有名ですが、アメリカにはジェームズ・ボンドに対抗できるだけの大物スパイが、映画にまだ登場していません。

イギリスには、ジェームズ・ボンドを受け入れる国柄というか、歴史があるのです。

植田　ＭＩ６の姉妹諜報機関として、ＭＩ８がありますね。

ストークスさんの母校のオックスフォード大学のクライスト・チャーチ・カレッジの学長をつとめ、名著『ヒトラー最後の日』の著者で、世界的にも有名になった、歴史学者のＨ・Ｒ・トレーバー・ローパーも、ＭＩ８にいましたね。

ＭＩ８には、優れた数学者、プロのチェス・プレーヤー、作曲家、詩人といった顔触れが揃っていました。

ストークス　（感心して）植田さんは、何でもよく御存じですね。いつも書斎がわりに使っておられるホテル・オークラのバーで、情報をとっているのですか？（笑）

植田　いやいや。日本の諜報機関といえば内閣調査室ですが、大酒呑みはいても、ワインや洋酒についての知識もなければ、スマートさや教養に欠ける役人ばかりで、社交に疎く、頭が固くて泥臭い、あれじゃあ諸外国にかないません。

日本国内には、同盟国のアメリカをはじめ、ロシアや中国、韓国と、数え切れないほど諜報員が蟻のようにウヨウヨいますよ。日本人を拉致した、ある北朝鮮の工作員は、日本に密入国するのは、「隣の便所へ行くより簡単だ」と、言ってのけています。韓国でも長いあいだ、便所は戸外にありましたからね。

ストークス　ＭＩ６は、現在でも世界でもっとも優れた諜報機関だと思います。いま、現役のスパイの名前も、所属している会社や組織も、私はまったく知りません。私自身、そうした世界と関わりあいたいとは、思いません。

そうは言っても、これまで二十人ほど、諜報の世界で仕事をしているエージェントと知りあう機会がありました。もちろん、私も当時は一切そうしたことに言及しなかったし、できなかったけれど、いまでは少し自由な身となったので、語れることもあるように感じます。つまり、こうした諜報機関が今後どうなってゆくか、ということです。

植田　日本のなかにも、国際情報の蒐集と分析にピカ一の人材が、少ないといってもいますよ。ストークスさんとも親しい、評論家の宮崎正弘氏です。彼の中国情報の解析は、素晴しいですね。宮崎氏は世界中に珠玉のような人脈を持っています。

宮崎正弘氏は私の信頼する友人ですが、連絡がとれないときは、大抵、海外取材に行っている。世界を隈なく股にかけ、足で情報を稼いでいます。

こっちが知識を蓄えていなければ、そういう人脈はつくれません。日本人にしては珍しいですね。

情報の世界は「ギブ・アンド・テイク」ですから、つねに豊かな情報量を手にしていることが必要ですね。

ストークス　MI6は、イギリス国民にとって重大な組織であり、優秀な人材を数多く抱えています。MI6を卒業し、企業や団体で働いている私の友人たちは、とても洗練されていて、聡明で、その語る一語一語に含蓄があり、品格と礼儀を伴っていました。ユーモアのセンスも超一流で、おそらくイギリスでもっとも知性的な一群の人々であるように、印象づけられました。

最高の情報を得られるように、最高のレベルの教育と、コンタクトと、社交界での接遇と、儀礼をマスターした紳士（ジェントルマン）たちなのでしょう。品位と威厳があり、粗暴や、野蛮とかけ離れた世界に住んでいる人々でした。

五章　南京大虐殺のウソ

――「日本はアジアを侵略した」は欧米のプロパガンダ

大東亜戦争は自衛戦争であり、同時にアジアを解放した
――日本は、世界で初めて人種差別撤廃を提言した

植田　先の日本の戦争は「侵略戦争」であったと、今日の日本人は刷り込まれています。

領土や資源を求めた戦争であったと、教え込まれています。しかし、ストークスさんが説いているように、「日本がアジアを侵略した」というのは、植民地を失った欧米のプロパガンダで、中国や韓国は、日本憎しから、便乗しているということです。

中国と韓国は、日本にどうしても追いつけないために、嫉妬に狂って物事を真っ直ぐに見られないんですよ。

たしかに、日本は古代から、中国から韓国経由で多くを学んで、日本独自の豊かな文化を築いてきた。だから中国と韓国には、日本に対して拭い去れない優越感と、近代に入ってから、日本を手本にせざるをえなかった、劣等感がある。今日の日本に対しては、劣等感が優っています。

ストークス　私は、日本の軍事進攻が、アジア諸民族を独立させた原動力であったと、確信しています。

もっとも、大東亜戦争は、アジアを欧米の植民地支配から解き放った「解放戦争」だったとい

う見方は、私だけの主張ではありません。一部ですが、海外にもそういう史観を持つ学者や研究者が存在しています。

ただ、誤解のないように、ひとつ、つけ加えさせて頂くと、明治以降の日本に帝国主義的な側面もあったことは、否定できません。国名も大日本帝国とされていましたし、欧米列強の帝国主義を模倣していました。

植田　当時は帝国主義の時代でした。日本は独立を全うするために、帝国主義を採らざるをえませんでした。

アメリカの優れた日本研究者(ジャパノロジスト)だった、南カリフォルニア大学のチャーマーズ・ジョンソン教授がそう指摘したのが、嚆矢《こうし》となりました。軍国主義を採用したのも、当然のことでした。そうせざるをえなかったのです。

アメリカ占領軍に洗脳されて、軍国主義は悪だったと信じ込まされていますが、とんでもないことです。

ストークス　私は一九二〇年頃が、ひとつの転機であったように思います。第一次大戦が終わって、一九一九年にパリ講和会議が開催され、国際連盟が設立されることになった。アジアにも、日本のお陰で、独立への希望が高まっていた。しかし、現実は、絶対的な白人支配の体制が続きました。

日本はパリ講和会議で、人種差別撤廃を提案をし、いったん、セルビアなどの小国が加わって、多数で可決されたにもかかわらず、議長であったアメリカのウィルソン大統領によって強引に却下されたのです。

その二十二年後に、日本は大東亜（対米）戦争を開戦します。

植田　十二月八日！　あの日は、日本の最良の日――ファイネスト・アワーでした！　全国民が奮い立ちました。三島由紀夫先生は、日本が真珠湾を攻撃した日に、十四歳の多感な少年でしたが、その時に、全身が陶酔するような感動に浸ったことを、流麗な文章で、先生らしく古文で書いていますね。

対米戦争の戦争目的は、自衛でした。しかし、日本は白人による世界支配構造のなかで、自国を守ると同時に、大義というか、民族平等の世界を実現したいという悲願がありました。

ストークス　大東亜会議における東條英機首相の演説を読むと、そのことがはっきりします。白人による植民地支配と、不正きわまる搾取という世界の構造に対して、日本が立ち上がって、それを変革しようとした歴史の流れが激流となって、戦われたのでした。

歴史学者のアーノルド・トインビーは、一九五六（昭和三十一）年にイギリスの高級新聞『オブザーバー』紙（十月二十八日）に、次のように寄稿しています。

「日本は第二次世界大戦において、自国ではなく、大東亜共栄圏の他の国々に思いがけない恵みをもたらした。

それまで、アジア、アフリカを二〇〇年の長きにわたって支配してきた西洋人は無敵で、あたかも神のような存在だと信じられてきたが、日本人は、実際にそうではなかったことを、人類の面前で証明してしまった。

これはまさに歴史的な偉業だった。」

「日本人は、白人のアジア侵略を止めるどころか、帝国主義、植民地主義、人種差別に終止符を打つことをなしとげた」と。

植田　話は遡《さかのぼ》りますが、二〇〇九年十一月十四日、アメリカのオバマ大統領夫妻が国賓として来日しました。その折、皇居で天皇陛下との会見に先立って、オバマ大統領が天皇陛下に拝礼するかのように、深々と頭を下げて挨拶しました。

外国の元首が、お辞儀をすることは、非常に珍しいことです。オバマ大統領のプロトコル（外交儀礼）は、相手の国（日本）の歴史、伝統、文化を尊重する、印象的な姿でした。

先述したとおり、黒人のオバマ大統領が登場したのも、先の大戦で、日本が大きな犠牲を払って、人類の長い歴史の果てに、人種平等の理想の世界をつくり出したからです。

東京裁判は「裁判」の名を偽った復讐劇だった

植田　敗戦後、日本は「東京裁判」によって戦争の責任を問われました。しかし、この「裁判」は、先述しましたが、一九五一（昭和二十六）年九月八日にサンフランシスコ講和条約が調印され、翌一九五二年四月二十八日に発効されるまでは、法的には戦争行為の一環で、正当性がまったくありません。一方的で、悪魔的なものでした。

ストークス　東京裁判は、裁判と呼んだものの、それは建前で、本質は復讐劇でした。マッカーサー劇場《シアター》と呼んでもいい。東京裁判は、巨大な謀略宣伝（プロパガンダ）マシーンでした。

いわゆる、「南京大虐殺」といわれるものも、やはり本質は謀略宣伝《プロパガンダ》です。もともと、中国版CIAが明確な目的を持ってでっちあげた、戦時謀略宣伝でした。利用されたのが、欧米人のジャーナリストでした。国民党中央宣伝部国際宣伝処というところが、その工作活動を展開したのですが、その工作宣伝の仕方は、「中国人自身が顔を出さずに、手当を支払う等の方法で、我が抗戦の真相と、政策を理解する国際友人に我々の代言人になってもらう」ことだと明記されています。

植田　その工作戦略に従って標的にされたのが、イギリスの日刊紙『マンチェスター・ガーディアン』の中国特派員だった、H・J・ティンパーリーたちでしたね。

国際宣伝処の曽虚白処長が彼自身の『自伝』に書いています。「我々は手始めに、金を使ってティンパーリー本人と、ティンパーリー経由でアメリカ人教授のスマイスに依頼して、日本軍の南京大虐殺の目撃記録として二冊の本を書いてもらい、印刷して発行することを決定した」と、言及していますよ。

この工作はかなり大規模で、曽虚白自身が、ティンパーリーには国際宣伝処のアメリカでの隠れた陰の宣伝責任者になってもらい、トランスパシフィック・ニュースサービスの名で、アメリカでニュースをたれ流しました。

また、アール・リーフがニューヨークを、ヘンリー・エヴァンズがシカゴを、マルコム・ロシュルトがサンフランシスコを仕切りました。皆、経験を有するアメリカの記者であったと、語っています。トランスパシフィック・ニュースサービスは、ロンドンにも駐在員を置いていましたね。

ストークス　ところで、植田さん、日新報道が出版した『南京の実相』という本を読まれましたか。「国際連盟は『南京二万人虐殺』すら認めなかった」とサブタイトルが付けられていて、「日本の前途と歴史教育を考える議員の会」が監修しています。

この会の会長は古屋圭司衆議院議員で、平沼赳夫議員、故中川昭一議員などが、推薦の言葉を寄せています。

この本によると、日本占領後に連合国軍総司令部（ＧＨＱ）が制作し、ＮＨＫラジオで一九四五（昭和二十）年十二月九日より十回にわたり放送された宣伝番組「真相箱」で、「上海の中国軍から手痛い抵抗を蒙った日本軍は、その恨みを一時に破裂させ、怒涛のごとく南京に殺到したのであります。この南京大虐殺こそ、近代史上稀に見る凄惨なもので、実に婦女子二万名が惨殺されたのであります」と、説明されています。

これは、一九三七年十二月十三日の出来事の描写ですが、十二月十八日付のロンドン・タイムズ紙の記事は、「十四日…通りには死体が散在していたが、女性の死体はなかった」と、報じています。もちろん、南京にいたロンドン・タイムズ紙の特派員が、南京のすべての状況を把握できたとは思えません。

植田　分かりました！（笑）いまや、地に墜ちた朝日新聞は、日本国民から〝嘘つき新聞〟と呼ばれるようになりましたが、その元祖がＧＨＱだったんですね！　いわゆるＷＧＩＰですね。

ストークス　ＮＨＫの「真相箱」の説明は、まったくの虚偽です。

『真相はこうだ』（真相箱）の放送と、全国の新聞が『太平洋戦争史』の連載を始め、日本が非道きわまりない国であったことを、全国民に刷り込むことをはかりました。

ＧＨＱは、日本を軍事的に征服した上で、日本民族から記憶を奪い、精神を破壊しました。占領後、未来永劫にわたってアメリカの属国につくりかえるために、全面的に歴史戦を開始したのです。

表むきには、「報道の自由を保障する」かのようなプレスコードを広め、裏では極秘の言論統制を行っていました。神道指令*やWGIPは日本をアメリカに隷属させる計画の柱でした。婦女子二万名が惨殺されて、女性の死体がないはずがありません。この一点だけでも、GHQが日本人を洗脳するために、謀略宣伝を行ったことがよくわかります。

植田　南京攻略戦を指揮した松井石根《いわね》大将が、一般の兵士に対して「南京は中国の首都である。この攻略は世界的な事件であるから、日本の名誉を発揮して中国民衆の信頼を増すようにせよ。敵軍であっても、特に抗戦の意志を失った者や、一般市民に対しては、寛容慈悲の態度をとってこれを愛護せよ」と述べて、「この一文は下士官兵にいたるまで徹底せよ」と、命じています。

そもそも、「大虐殺」などは、上から指揮命令がなければできるものじゃありません。二十万人とか三十万人、いや十万人だって、組織的に殺さなければ出てこない数字ですよ。

二〇〇七年に、南京が陥落した七十周年が巡ってきて、東京九段の九段会館で、「南京事件の真実を検証する会」（加瀬英明会長）が主催して、七十年前に南京陥落直後に城内に入った兵士九

＊**神道指令**（しんとうしれい）　1945（昭和20）年12月付、GHQから政府への覚書「国家神道、神社神道ニ対スル　政府ノ保証、支援、保全、監督並ニ弘布ノ廃止ニ関スル件」の通称。

人を招いて、壇上から証言をしてもらったことがありました。

私も、この会を応援しましたが、会場は千二百人以上が集まって、満員でしたね。南京を攻略したのは、北陸、九州、四国の部隊でしたから、この三つの地方で、まだ元気で、上京して証言できる方を捜すのが、たいへんでした。九人の方が上京されましたが、いちばん若い方で、八十九歳。平均年齢九十五歳でした。最年長の方は九十八歳でした。つきそいがついて、なかには車椅子の方が一人いらっしゃいました。

証言者は、わざと将校は外しました。将校だと知恵が回りそうで、脚色しかねないイメージがありますからね。主催者が、兵ばかりを選んで登壇してもらいました。みな、とつとつとした朴《ぼく》訥《とつ》な口調で、陥落後すぐに城内に入ったのに、虐殺のあとなどどこにもなかったと、証言しました。なかには、戦闘終了後七日目に銃を持たずに散策し、土産物屋がひらいてたのでこれを買ったといって、水牛の印鑑を皮のケースから取り出して、会場内に見せました。

私は、証言者のかつての勇士の九人が、会が終わってから、靖国神社を参拝した時にお伴しましたが、なかの一人から、「皆さんのお陰で、永年の無念を晴らすことができました」と、うっすらと涙を浮かべて、感謝されましたよ。私も、目頭《めがしら》が熱くなりました。

東京裁判がデッチあげた南京大虐殺

植田　東京裁判は、歴史を捏造しました。いま、中韓両国も、歴史を捏造しています。中国と、韓国は王朝が暴力によって交替するごとに、新しい王朝が、自分に都合のよいように歴史を塗り変えてきました。歴史の改竄《かいざん》は彼らの得意技《とくいわざ》です。

中国と、韓国は、自国のために得になるなら、いくら嘘をいっても歴史を捏造してもお構いなし。自国に都合の悪いことはいっさい隠して、根も葉もないことを考え出して、相手を非難し、攻撃する。手段を選ばない、相手に勝ちさえすればよい。

政治がすべてに優先するから、心がない。その場だけを考えて行動する。易姓革命の伝統こそが、中国と韓国がこのような国となってしまった根源なのです。

ジョージ・オーウェルの『１９８４年』は、私の高校時代からの愛読書です。

私が一度として、マルキシズムや社会主義に憧れたことがなかったのは、『１９８４年』と、また英文学になりますが、アーサー・ケストラーの『真昼の暗黒』を読んだためでした。

オーウェルは、「過去を支配する者は、未来を支配する」といっていますね。

そのために、日本を占領したアメリカも、今日の中国も韓国も、日本を牛耳るために、歴史を捏造したんですよ。過去を捻じ曲げる者は、未来泥棒です。

どの国にとっても、過去は大切な宝なんです。過去を守ることが、その国の未来を守ることです。

オーウェルのファンは日本にも多いんですが、その人柄も生涯も、じつにイギリス的でしたね。ストークスさんと同じように、やはり、パブリック・スクールの名門校のイートンで学んでいますね。

ストークスさんは、イギリスののどかな田園地方のお生まれですが、お父さまはインドで勤務されておられましたね。オーウェルは、インドのベンガル地方で生まれています。

私は、オーウェルを見倣って、空想小説を書こうと思います。「東京平和裁判」というタイトルです。

ストークス　おお！（驚く）

植田　ここが空想ですが、日本が先の大戦の末期に、奇抜な新兵器を開発して、勝つ。

そこでトルーマン、マッカーサー、原子爆弾をつくった「マンハッタン計画」の責任者だった科学者のオッペンハイマーらを、被告として、戦争犯罪裁判を開廷します。

法廷の場所は、ワシントンなら財務省ビルでしょうが、〝マッカーサー劇場〟だった東京裁判のパロディですから、やはり市ケ谷にしましょう。

戦犯はABC級にあわせて、伊《イ》級、呂《ロ》級、叭《ハ》級としましょう（笑）。広島、長崎に原爆を投下した、ポール・ティベット大佐は、呂級戦争犯罪人です。

東京平和裁判の訴状に上がる罪状は、たくさんあります。日本を追い詰めて罠にかけ、日米戦争を仕掛けたとか、東京大空襲、原爆……

裁判長に、インドのチャンドラ・ボース、判事にインドネシアのスカルノ、南アフリカのマンデラ……法廷のＭＰ―憲兵隊長に、若き日の朴正熙……

トルーマンも、ルメイ空軍司令官、オッペンハイマーも、マッカーサーも、絞首刑を宣告されます。

しかし、最後に、昭和天皇が全員に恩赦を与える。どうですか？

ストークス　植田さんの想像力は、オーソン・ウェルズ級ですね。（拍手）

日本が対米戦争に勝つというのは、まったく絵空事であったわけではありません。日米の戦力を意識すると、開戦前の純粋な戦力では、日本のほうが勝っていた。広大な太平洋を戦域にして、その西のはじに位置する日本をアメリカが攻撃するには、太平洋を渡ってくる必要があります。

緒戦では、日本がアメリカを圧倒しました。日本軍がそれをよいことに、戦域を拡大して、傲り油断したのが、敗因ですね。

植田さんが仮想する新兵器というのは、どのようなものなのでしょうか？

植田　ドクター・オチャノミズの鉄腕アトムですよ！　それと女性の活躍を認める社会ですから、妹のウランちゃんにも手伝ってもらいます。

ストークス　（吃驚《びっくり》して）ワッハハハ……。

パール判事や、アジア独立のリーダーたちが、判事になるというのは面白いですが、それですと、東京裁判と同じように「復讐劇」という印象が残りますね。とにかく、西洋人はアジア人を数世紀にわたって、踏みにじって、ひどいことをしましたからね。

パール判事は、「戦勝した側が、敗戦国を裁く」ということ自体に、きっと反対するでしょう。自らも判事となることを、辞退するでしょう。仮に裁判長を引き受けたとしても、判事を、戦争の当事国以外から選ぶのではないでしょうか。

天皇陛下が恩赦を与えるというのは、いいですね。逆に、東京裁判をみると、いわゆる「A級戦犯」が有罪となったが、マッカーサーが最高のジェントルマンとして、「敵をゆるす」という、人道的な振る舞いをするようなものでしょうね。

植田　（頭を掻いて）よく分かりました。

第六章　三島由紀夫とは何だったのか

三島由紀夫は「殉教」を選んだ

植田　ストークスさんは三島邸の夕食会で、しばしば、＊村松剛先生と同席されましたね。

私も、ストークスさんが親しくしている加瀬英明氏と、多年にわたって親しくさせてもらってきましたが、村松先生は加瀬氏の麹町の家にしばしば酒を飲みにこられて、ウイスキーを傾けながら話し込まれましたので、ときどきご一緒しました。酒豪でしたね。

加瀬氏は三十代で、村松先生とともに日本ペンクラブの役員で、左の巣窟《そうくつ》だったペンクラブで、左の悪霊たちを退治しようと戦った、同志だったんですね。

村松先生はいつも正論を鋭く説かれていましたが、二十年前に亡くなられました。とても惜しい人です。

私は、妹さんの英子《えいこ》さんと親しくしています。英子さんは、三島先生の演劇で、かならず主役を演じましたが……。

ストークス　いまでは、エイコは日本を代表する、知性溢れるナンバーワンの舞台女優ですね。とても魅力ある、洗練されたレディですね。

エイコの家に招かれたことがありますが、小さな亀をペットにしていて、とても頭がよい。やはり、村松家には知的な空気が漲《みなぎ》っているので、亀もそうなるのでしょう。

植田　私もお宅に伺ったことがありますが、あの亀の名は「なんたろ」といって、長女で女優のえりさんが、道端で行き場を失った亀を助けて飼っているんです。とても人懐こくて、膝のうえにのせると、胸を這ってのぼってきて、顔をなめるんですよ。

さて、私は村松先生が、「ニューヨーク・タイムズ紙の東京支局長が三島さんにつきまとっている」と、暗い顔をして語られたのを覚えています。そのニューヨーク・タイムズ紙の東京支局長こそ、ストークスさんだった。私がストークスさんの存在を知ったのは、それがきっかけです。村松先生はフランス文学者で、根っからのフランス贔屓《びいき》でしたから、きっと、ストークスさんとソリが合わなかったのでしょう。

それに、ストークスさんは名門オックスフォード大学の卒業生（プロダクト）です。イギリスの生徒たちは、幼いころからフランス人を「蛙（フロッグ）」と呼んで、嫌ってきましたからね。

私は三島先生が亡くなられる前までは、日本のガブリエレ・ダヌンツィオだと思っていました。ダヌンツィオは、ムッソリーニと同時代のイタリアの天才詩人、作家で、耽美的、官能的なエロス文学によって、知られています。ダヌンツィオが書いた歌劇『聖（サン）セバスチャン』は

＊村松剛（むらまつ たけし、1929～1994）評論家、フランス文学者。筑波大学名誉教授。立教大学、京都産業大学、筑波大学、杏林大学の各教授を歴任。

ドビュッシーが作曲して、一九一一年に第一次世界大戦前夜のパリで初演されて、パリを沸き立たせました。私はこのCDを持っていますが、四楽章に分かれていて、抑揚があり、それぞれに心が引き込まれますね。

聖セバスチャンは、ギリシャ神話に出てくる美青年アドニスに瓜二つと、伝えられていますね。ダヌンツィオは、四世紀に殉教した聖セバスチャンを大義に殉じた人として、自分に重ね合わせていました。

ストークス　ダヌンツィオも、三島さんも、政治と繋がりがあったんです。

三島さんは、佐藤栄作首相の寛子夫人と近かった。ダヌンツィオは、ムッソリーニでした。権力を行使できる政治家の力に、二人とも魅力を感じたのでしょうが、それと同時に、政治家の腐敗をも、痛切に感じることにもなったのです。

ムッソリーニは、ヒトラーに手紙を出していたりするのです。ダヌンツィオは、ヒトラーに会ったことがあるか知りませんが、ムッソリーニとは親しい交流がありました。

村松氏は、三島さんが私のことを好きだということが分かったんです。三島さんのプライベートな集まりにもよく招かれたのですが、最初、村松氏は、「なんで、若造の外人記者がいるんだ」と、不機嫌な様子でした。「お前のような者が来るところじゃない」と、そう言われているようでした。

村松氏は率直に、「どうして、若い外人記者を招待しているんだ」と、三島さんに質問した。それに対して三島さんは、「彼を気に入った」と、答えたそうでした。三島さんから、村松氏が「それなら仕方がない」と言ったと、聞きました。

三島さんが自決した翌日、三島さんゆかりの人々が、主を失った三島邸に参集しました。村松氏とエイコは、訪問者に対応し、二人でその場を仕切っていました。エイコは、ロビーで対応していました。エレガントで、皆の目を引きました。村松氏は、さまざまな段取りをしていました。村松氏は私を見かけると、表に出るように促しました。そこにいるべきではない者の扱いだった。

どうしてか分かりませんが、村松氏は私の存在をあまり好ましく思ってなかったのでしょう。村松氏の性格だったかもしれない。人を自然に温かく迎えるような雰囲気の人物ではなかった。三島さんとは、この点で対照的だった。独特な雰囲気を醸し出していました。

植田 村松先生は、理論もそうですが、氷のような、鋭い風貌の持主でした。

ストークス 超インテリで、親イスラエルでした。私が、村松氏の頭脳の鋭さと回転の速さは、まるでヒトラーを敬う、フランスのファシストのようだった、と書いたのを読んで、村松氏は「ノー!」と言った。「アクシオ・フランセとは、正反対だ。私は親イスラエルだ。みんな知っていることだ。フランスのファシストではない」と、言った。私たち二人は、楽しく親しげに会話することがなかった。いつも、真剣だった。

三島さんと「お近づき」になるのは、容易ではなかったんですよ。多くの人が、三島さんと親しくなりたいと近づいてきましたが、親しい友人となることができなかった。

私はホテル・オークラではじめて会ったときから、三島さんに目をつけられてしまった。最初から、三島さんがそばに座るようにと呼んでくれたんです。友人となることは、とても難しいことなんです。寄って来る人にはいろいろな計算がありましたから、人選する必要がありました。

「三島は友人がいない」と、評す人もいます。三島さんと親しくなるのは、大変なんです。何しろ、そのへんにいる普通の人ではありませんでしたからね。しかし三島さんには、れっきとした友人がいました。村松剛氏も、そうした友人の一人でした。二人は幼い頃からの友人でした。

イギリス人として、フランスのインテリを彷彿とさせる村松氏と、ソリが合わなかったのではないかと、よく思われますが、私個人としては、フランスのインテリのようだから毛嫌いしたということはありません。

むしろ、私が三島さんに近すぎたことが、村松氏にとって、私を煙たく思う理由となっていたと思います。

三島は〝日本のダヌンツィオ〟だった

植田　私は三島先生の小説をよく読みましたが、川端康成文学のような新感覚的な自然な筆運びの親しみやすい小説とは違い、文章がすみずみまで精緻で綿密に構築されていて、表面だけでは理解しがたい哲学と思想が奥底にあり、理解するのに苦労した経験があります。

でも、三島先生にボディビルを教えた玉利齊さんなど親しい人が多くいたので、三島先生について、話をよく聞きました。そのうちに、三島先生がダヌンツィオの歌劇『聖セバスチャン』の訳者であり、三島先生がダヌンツィオに魅せられて、憧れていたということを知って、〝日本のダヌンツィオ〟だという、私の勘が当たったと思いました。

ストークスさんは毎年、新宿の会場で催される『全国盲人写真展』の開会式に、よくこられましたね。

世界的にも有名な写真家の細江英公先生が、全国盲人写真展の審査委員ですが、細江先生が聖セバスチャンに扮した三島先生を撮った写真集『薔薇《ばら》刑』は、よく知られています。細江先生は、写真界の鬼才ですね。

放たれた矢が、裸の三島先生の脇の下に一本、脇腹に一本、臍の下に一本突き刺さっている……ストークスさんもご存じのように、ダヌンツィオは第一次大戦前から、第二次大戦直前にかけて活躍しました。パリの社交界の寵児でもあり、超愛国者（スーパーペイトリオット）として自己顕示欲が強く、派手な政治的行動でも知られました。

私的な軍隊を作ったのも、「楯の会」[*]とそっくりでした。ファシズムを作ったムッソリーニが、ダヌンツィオの強い影響を受けましたね。

ストークス　そうですね。少し長くなりますが、ダヌンツィオと「聖セバスチャンの殉教」についてお話ししましょう。

『薔薇刑』は、いろいろなポーズを三島さんがとっている写真を収録しています。聖セバスチャンの姿をしたその写真は、矢が刺さっている位置や角度まで、三島さんが、細江さんに指示をして撮影したものでした。

三島さんには、聖なる使命のために命をささげることへの憧憬と、その現実や現世利益を超えた超越した存在として、その精神を、永遠に生き続けさせることへの憧れがあったと思います。

植田　三島先生の文章は、文芸工学というか、精緻に構築された精密機械のようで、美しいが、俗世間の遊び、ぬくもりが乏しい。人生も、あの文章のような、緻密に計画された生き方を全うした。

ストークス　石原慎太郎氏は、「森田必勝と三島は、自殺の前に行為に及んだんだ」と、言っているようですが、その真偽とは別に、永遠に三島さんのことが語られる死に方を、選択した。『薔薇刑』を撮影した時に、三島さんはすでに、そうした死の在り方を計画していたのです。それは、純粋に国のために命を捧げた特攻隊の若き英霊と、その純粋さを比較することはできないでしょう。

また、総監を騙して、監禁した上で刃傷沙汰《にんじょうざた》に及ぶなどということも、義挙として許されるものなのかなど、さまざまな議論があるでしょう。加瀬英明さんは、文藝春秋社の雑誌『諸君！』に、「私的な行為のために、首都警備司令官を騙して縛りあげたのは、卑劣だった」と、強く批判しています。

植田　加瀬氏は、そのなかで「楯の会の制服は、キャバレーのドアマンのようで、滑稽だ」と、嘲っていましたね。たしかに、あの制服を、特攻隊の純真な若者や、憂国の精神と並べることはできません。

「楯の会」に憧れる若者は少なくありませんでした。「憂国忌」は、四六年たった今日もますます健在です。

ストークス　しかし、マッカーサーがつくった憲法の呪縛や、自衛隊の在り方に一石を投じる上で、自らの命を生贄《いけにえ》にした。その事実は、自主憲法制定や、憲法改正を訴えるだけで、それ以上に何

＊**楯の会**（たてのかい）　間接侵略に備えるための民間防衛組織として、昭和43年11月、三島由紀夫が結成した軍隊的な集団。昭和45年、「三島由紀夫事件」後、三島の遺言により、楯の会は解散した。

もできない政治家や言論人に、大きな衝撃を与えました。私は拍手を送ります。

当時の三島さんは、昭和天皇を唯一の例外とすれば、世界でも、もっとも有名な日本人でしたからね。この世界的な成功をなげうって、檄文《げきぶん》にある、自らの信念を訴えて自殺したその原点は、「聖セバスチャンの殉教」にあったと思います。

ダヌンツィオについては、イギリス在住のルーシー・ヒューズ・ハロットという、若い女性研究者が本を出版しています。ルーシーは、私の親しい友人のダン・フランクリンと結婚して、ロンドンに住んでいます。一九一一年にダヌンツィオがパリにやってきた時のことなど、詳細に描いています。無名だったのに、一躍注目を浴びるようになり、五年ほどをパリで過ごしました。ちょうど、第一次世界大戦が勃発する、その前夜の頃でした。

当時、まだ、事故が多かった飛行機で、大空も飛びました。若くして、詩人として名声をあげたのが、パリ時代でした。

植田　三島先生もダヌンツィオに影響を受けて、いくつかダヌンツィオの詩を訳したりもしていますね。『聖セバスチャンの死』は、「殉教」と、題して訳されています。ダヌンツィオは、超愛国者（スーパーペイトリオット）でした。彼は私兵の軍隊を組織して、実際にイタリア北部のフューメという都市を占領したんです。

ストークス　そうそう。ダヌンツィオを、フューメから排除するために、正規軍が派遣されました。彼はまるで、その都市の支配者であるかのように振る舞って、ホテルを拠点としていました。

軍がホテルを取り囲んで投降を促しましたが、ダヌンツィオは応じません。私兵軍の司令官などと、籠城したのです。

フューメという都市は、およそ一ヶ月ほど、ダヌンツィオと、彼の軍隊によって占領がつづけられました。詳細は、ルーシーの本を読んで頂きたい。

ダヌンツィオは、とても変わった、ヨーロッパ的な感じの人物です。ものすごく多くの愛人がいた。イギリス人が、そうした人物について本を書くことは、めずらしいんです。私が影響を与えてしまったのかもしれない。ルーシーにダヌンツィオと三島さんの関係を語ったのも、私でした。

いつ、〝三島の心〟が理解されるのか

ストークス　三島さんがダヌンツィオをどう思っていたかについては、日本でもあまり言及がされていないように思います。そもそも、日本ではダヌンツィオがあまり知られていない。イギリスでもそうです。
一般に、そう知られている人物ではありません。ルーシーの本が出たことで、イギリス人も、

アメリカ人も、そうした人物がいたことを知るようになりました。

ダヌンツィオと三島さんは、よく似ていると思います。同じ世界に住んでいた。二人とも常に、目も覚めるような美女に取り囲まれていた。極度に化粧された、美の世界です。何が美であるかについて、狂気が漂った世界でした。そして、ダヌンツィオの場合、その美は、女性にも、男性にも求められました。三島さんも、そうでした。

植田　日本では、ダヌンツィオは、かなりよく知られた作家です。第二次大戦前の新聞や雑誌で、かなり頻繁に取り上げられています。私も何冊かもっていましたが、ダヌンツィオについて、二、三十冊の本が出ていますよ。

私が三十年以上前に、加瀬氏とパリでご一緒した時に、ダヌンツィオの話を切り出したところ、「ダヌンツィオを、よく知っていますね」と、とくに言挙げされることもなく、赤面した記憶があります。

ストークス　（驚いて）そうでしたか。ダヌンツィオも、政治の世界と繋がっていました。三島さんもそうでした。当時、政治の頂点にある、政治家たちとの交流がありました。

二人の世界には、比較できる共通項がいくつもあります。二人とも、私的軍隊を結成しましたし、政治的な目的達成への現実的な行動も、それが常軌を逸したものであった点も、共通しています。

ただし、ダヌンツィオは自殺をしなかった。その点は、三島さんと異なります。『聖セバスチャンの殉教』を三島さんが翻訳したのは、秘められた意図があったからかもしれません。「なぜ、ダヌンツィオは殉教しなかったのだ」との批判があったのかもしれません。三島さんは「殉教」を選んだということでしょうか。

植田　私は、三島先生にお会いしたのは数回でしたが、三島先生と親しかった人々と親しくしていました。

とくに、ボディビルについて、早稲田の大学生だった玉利齋さんが、三島先生のボディビルの師で、三島先生が玉利さんに、スイスの心理学者のカール・グスタフ・ユングの話をされたり、書店に一緒に行って、本を買ってくれたそうです。

ボディビルは理性ではなく、本能と一体化した集合的無意識により、たとえば、先住民の、夜を徹して、全身全霊で体力の続くかぎり行う儀式のような、永続的なエネルギーを生み出し、強靭で美しい肉体を作ると、説かれたそうです。

玉利さんは学生時代から、ボディビルの草分け的存在で、名を成していましたが、文学や詩にも造詣があり、三島先生の文学や、考え方に気脈が合い、酒席をともにして、大いに議論が盛り上がったそうですよ。

三島先生は、武士道と、葉隠に心を寄せていました。そして、剣道（武道）にことのほか身を入れていました。剣道では、「勝負にこだわるな。無念無想でゆけ」と、教えますが、精神が過剰で、江戸時代中期に入ると、たとえば、御前試合とか、精神鍛練としての武道となって、生命をかけて刃《やいば》を交えることとは隔たっていましたね。

とはいえ、元寇《げんこう》、幕末の二つの大きな国難に当たって、武の心が日本を護りました。

徳川二百六十年は泰平の世が続きましたが、そのなかで、武に携わる者が、日々、つねに術《わざ》と精神を磨き、臨戦態勢にあったことが、幕末の国難を乗り越え、日清戦争と、日露戦争の危機を救ったのでした。三島先生はそんな精神世界に魅せられたのでしょう。

私の報知新聞社時代の先輩は、一九六四年の東京オリンピックの時に三島先生を担当し、試合の観戦記を書くのを見ていたそうです。先生は書き始めると一字一句、まったく直しを入れることなく、完璧に書き上げた、と言っていました。余談ですが、この自筆原稿はその後、誰の手に渡ったのか、もったいないことに、行方不明のままだそうです。

ストークスさんの『連合国戦勝史観の虚妄』の書評を書いた、評論家の宮崎正弘氏は、私とも長年の親交があり、宮崎氏は三島先生と親しく、死後、今日まで三島由紀夫研究会として、「憂国忌」を、命日の十一月二十五日に主宰者として続けています。

もうひとつ、本書の解説を書いたケント・ギルバート氏は三島先生と直接、お目にかかったことがないそうですが、彼が大学院で日本文学を学んでいた時の論文が、「三島由紀夫論」だったそうです。驚きですね。

私とストークスさんの共通の知人である、日新報道の社長である遠藤留治氏は、村松剛先生の紹介で三島由紀夫先生、司馬遼太郎先生との鼎談《ていだん》本、『日本を考える』を企画して、出版の了解をとりつけて、さあ三者の鼎談を始めようとスケジュール調整をしたけれど、三島先生だけが日程が決まらず、結局はご本人の自決で実現しなかったことが、いまだに心残りだそうです。

ストークス　私の感じる三島さんが、人々に理解されるには、あと二、三百年は時を待たないといけないかもしれません。

植田　私は、三島先生の『楯の会』などの、常人ではありえない行動は別にして、三島文学が大好きだったんです。日本人の作家の規格を大きく超越した振る舞いに、私は文壇とか、メダカの群れのようにかたまる作家たちに、軽蔑の目を向けていましたから、三島先生の生き方に共感を覚えるところも、多くあったんです。

「文壇」とか、「画壇」という滑稽な言葉があるのは、日本だけですね。雀かメダカの群を、すぐにつくりたがる。

私は、三島先生が市ヶ谷で自決された時に、正直に言って、ショックのあまり嘔吐しました。なぜ、今、どうして……あまりにエクセントリックで、茫然自失して、何も手に付きませんでした。多感だったんですね。

佐藤栄作（当時、首相）さんが、「気が狂ったか」と、コメントしたことで知られていますが、私の場合も、ある意味でそれに近かったかもしれません。

ストークスさんは著書『The Life and Death of Yukio Mishima』の本のなかで、三島先生がバルコニーから行った辞世の演説を、英文で見事に再現しています。

そして、それを徳岡孝夫氏が日本語に訳したのを、『連合国軍戦勝史観の虚妄』のなかで、もちろん、最後の演説はもとの言葉通りですが、引用していますね。そして、読者にストークスさんは、「この部分を、自分と一緒に声を出して、音読してほしい」と、呼びかけています。

この呼びかけに応じて、私も声に出して読みました。そして、あらためて深い衝撃を受けました。三島先生の心が、よくわかりました。国民は、血を継いでゆくだけではなく、魂を継承してゆかなければ、亡びてしまうのだと思いました。

第七章

日本の再生に向けて、過去を脱却し力強い未来を築け！

世界一の日本文化をもっと発信しよう

ストークス　このところ、伊勢神宮、出雲大社、京都の石清水大神宮と、遷宮《せんぐう》式が続いていますが、伊勢神宮では社殿から、数千点にのぼる衣服、道具まで、大昔のものを忠実にそのまま作って、復元するのですね。

伊勢神宮で、二十年ごとに、遷宮が取り行われるということに、ほんとうに感銘を受けました。それも、千三百年というような、長きに渡って続けてこられたことに、驚きます。

私のイギリスの故郷グラストンベリーには、ヨーロッパのキリスト教世界で、もっとも伝統のあるグラストンベリー・アビィがあります。しかし、まったくの廃墟です。建物も三百年ほど昔に倒壊し、誰からも、「アビィ（寺院）を修復しよう」との声は挙がってきません。西ヨーロッパ最大のアビィが、そのような状況におかれているのです。崩壊してゆくのみで、放置されているのです。

西洋文明の源である、ギリシャのアクロポリス神殿は廃墟で、観光資源でしかありませんが、日本では、古代が時代を超えて再現されることによって、生かされ続けてきました。

万世一系といわれる天皇制が、今日に伝えられているというのは驚嘆させられますが、日本はヘッセル（ティルトマン）がいったように、「二千六百年も若い国」なんですね。日本の和の精神もそうです。

エズラ・ボーゲル教授が、日本経済がアメリカを追い越すといわれていた一九七〇年代に、「ジャパン・アズ・ナンバーワン」というベストセラーを著しましたが、私は、植田さんとも親しい加瀬英明さんと共著で、日本文化こそ世界一のもので、世界の手本となるべきだという、『ジャパンズ・カルチャー・アズ・ナンバーワン』というテーマの本（『英国人記者が見た世界に比類なき日本文化』祥伝社）を、二〇一六年一月に上梓しました。

抗争が絶えない人類にとって、日本の和の精神が何よりも求められています。

植田　私は先に、日本はイエスのように、「東京裁判史観」という重い十字架を背負ってゴルゴタの丘を、棘《いばら》の冠をかぶらされて、歩まされていると言いましたが、イエスも生前、同胞のユダヤ人はもちろん、世界の人々に理解されませんでした。

ストークスさんが、日本を世界の人々に理解させるために筆をとって下さるのに、頭が深く下がります。

ストークス　日本は十九世紀以来、浮世絵に始まって、桂離宮に見られる日本建築まで、ジャポニズムといって、世界文化に深奥な影響を及ぼしました。

いまでは、日本についての理解が生まれつつありますよ。日本料理がフランス料理の革新（ヌーベル・クイジーヌ＝新しい料理）に影響を与えたように、新しいジャポニズムの高い波が、世界中を洗っています。そこへゆくと、中国は、近代の人類文化に何も貢献していません。

日本はもっと、いま、世界を魅了しつつある日本文化を広めるために、努力するべきですよ。

植田　先に触れましたが、ジョージ・オーウェルの『1984年』を私は愛読しました。もう一つのオーウェルの『動物農場』も、楽しみましたね。豚が農場を、他の動物たちを騙して乗っ取って、独裁者になる話ですね。全体主義を鋭く、的確に描いていますね。

朝鮮民主主義人民共和国―北朝鮮では、人民のなかの不満分子が、金正恩朝鮮労働党委員長を、陰で「ペク・テジ」（白豚）とか、また、最近では「ブタ野郎」と、呼んでいるそうですね。この「ブタ野郎」の野郎という語彙は、北朝鮮では、最大級の罵倒語ですよ。祖父の金日成や、父の金正日の風体をマネしても、豚は豚ですが、核や、ミサイルを玩《もてあそ》んでいますから『動物農場』の豚より危険ですね。

ストークスさんのイギリスは、ジョナサン・スウィフトの『ガリバー旅行記』から始まって、ルイス・キャロルの『不思議の国のアリス』といったように、風刺文学に優れていますね。

イギリス人はユーモア、ウィットに富んでいるから、批判精神が豊かなんですね。

ストークス　そうそう、ヘッセル・ティルトマンが「日本人はユーモア精神が豊かだ」と、いいましたが、植田さんもユーモリストですね。『1984年』では、正しい歴史を抹消して、そのかわりに、人民に独裁政権に都合のよい記憶を植えつけます。

植田　韓国は、全体主義とは無縁であるはずなのに、中国の尻馬に乗って、一緒になって歴史を歪めようと躍起になっているのは、韓国の独特な歴史というか、精神史からきているんです。

　韓国は日本が羨ましいんですよ。彼らが信奉する儒教は中国由来の権力、統治の手段です。韓国には独自の文化が、何一つないんですね。

日本の『古事記』『日本書紀』にあたるものと言えば、遅れること約四百年、十二世紀に作られた、『三国史記』ぐらいしかないんです。韓国には文化もなければ、日本の天皇や、神道にあたる、精神的支柱という軸がないから、いつの時代でも不安定なんですね。

　韓国は力のない大陸国家であり、中国に寄り添わざるを得ないんですね。韓国は長い歴史にわたって、中国の属国となっていました。ここで、中国の王朝の手口を模倣して、〝ミニ中国〟となって酷政を行ってきたために、韓国人は屈折した精神構造を持つようになった。

　韓国人の恨《ハン》の精神は、他人への恨というより、やり場のない、自分に向けられたものですよ。

ストークス　われわれイギリス人が、ユーモアやウィットを大切にして、ジェントルマンの条件としているのは、批判精神を尊ぶからです。だから、イギリスの新聞や雑誌は、ユーモアがもっとも重要な〝隠し味〟になっているんですね。

イギリスのパブリックスクールでは、「ムキになるな」と教えます。

植田　ジェントルマンは、イギリスにしかない、独特のものですね。生まれに、関係がない。マナーがよくて、ウィットがある。
何よりも、公平（フェア）であることが、求められますね。

危機にあって、なお光る日本人の「思いやり」

ストークス　ラフカディオ・ハーン（小泉八雲）が、日本にやってきたその日に描いた、数枚のスケッチが残っています。

彼は、この国に魅了されたのです。日本というのはすばらしい国で、その国民はすばらしい民族です。そのことに、彼も衝撃を受けた。ラフカディオは、すばらしい日本のサポーターなんですね。そして私も、そうした一人です。

ザビエルについても、ご存じでしょう。キリスト教の布教に、日本にやってきた外国人です。キリスト教の布教に来て、衝撃を受けた。「日本には、もうすでにキリスト教が布教されている」と、彼はそう思ったのです。なぜなら、キリスト教の描く理想世界が、そこに実現していたからです。

「この国の人々には、教化することが何もない。彼らは、キリスト教を実践して、達成できないでいる美徳を、すでに持っている」と、実感しました。何百年もキリスト教国が、何百年もキリスト教を実践して、達成できないでいる美徳を、すでに持っている」と、実感しました。しかし、これは当時のことだけではないのです。今日の日本でも、そうした美徳は生きているのです。

あの東北で起きた大震災と津波の被災地で、被災した人々がどういう姿を示したか。その現実が、世界を驚愕させ、日本のすばらしさを、日本人の人徳の高さを、まざまざと見せつけたのです。被災地で、暴動や略奪が起こらないことすら、信じられない現実でした。まさに「ありえないこと」、奇跡を目にする思いでした。

さらに被災した人々が、救援物資の配給を受ける時に、「もっと、たいへんな人がいますから、自分はけっこうです」と、自分より他人を思いやった。

こうしたことが、強制されたわけでも、命令されたわけでもなく、自然とできる。そのことが、あの、「想定外」とも言われた、千年に一度という大震災、大津波の被災地で、被災した人々によって、奇跡のように演じられたのです。

これは世界にとって、まさに衝撃でした。まさに、奇跡の国がこの地上に存在している、という実感でした。日本人よりも、むしろ外国人のほうが、衝撃を受けたことだろうと思います。

植田　日本で造った漢字を国字と呼びますが、「躾《しつけ》」もその一つですね。

この字を、中国人や、韓国人に見せて、どういう意味なのかたずねると、全員が「豊満な肉体の、肉感的で、グラマラスな美女」だと答えます。情緒がなく、ポルノチックですが、中国人も、韓国人も、酒池肉林を好む、即物的なんですね。（爆笑）

ストークス　東京は、本当に日本的な都市です。すぐに、笑顔に接することができます。私が外国人だからということがあるにしても、日本の人々はほんとうに親切で、思いやりに満ち溢れています。親切心、洗練されたマナーが溢れているのが日本であり、東京です。

私はイギリスの学校で、作法が人を作るのだと教わりました。マナーが、その人の人生を作り上げます。

日本で地下鉄に乗ると、私が少しからだに不自由があると見て取ると、誰ということなく、すぐに席を譲ってくれます。私の言いたいのは、席を譲ってくれること、それ自体ではなく、その譲ってくれる作法（マナー）なのです。

私に対して、さしでがましいのではないかと、申し訳なさそうな表情を浮かべながら、席を勧めてくれます。

世界中で、こうした相手を慮《おもんぱか》って、遠慮がちに、相手の気持ちを気遣って、席を譲る姿に接することは、めったにありません。

日本には、洗練された文化の高みがあるのです。

植田　日本人の心の基本にあるのは、「和」です。日本人の対人関係では、相手の心を慮るということが、何より求められます。西洋社会は、イエス・キリストの愛を心とすべきだといいますが、日本はそれにかわって、「和」ですよ。和のほうが愛よりも貴いのです。大きな和の大和《やまと》は日本の国号ですが、戦艦大和の名前でも有名ですね。

大戦最後の年に、戦艦大和が、沖縄を目指して特攻出撃をして撃沈されますが、日本の大いなる和の精神に殉教したのでした。

その六百九年前に、楠木正成《くすのきまさしげ》が後醍醐天皇の命によって、寡兵《かへい》を率いて、足利尊氏の大軍を迎え討つために出撃して、湊川《みなとがわ》で玉砕したのを、「湊川の戦い」として、今でも日本国民は賞讃しています。大和の特攻出撃は〝二十世紀の湊川の戦い〟でした。

ストークス　『大和』は、世界最大の戦艦でした。排水量が七万二八〇〇トン、全長二六三メートル、日本海軍の誇りでした。『大和』は一九四五年四月七日、沖縄に対して特攻出撃をした時に、一千機以上のアメリカ艦載機の攻撃を受けて、沈没しました。

日本を守り、アジアを解放する戦いに、満身創痍になって身を捧げたのでした。

大和は『大いなる平和』であって、日本精神を凝縮した言葉です。

それでも、『大和』と、姉妹艦の『武蔵』がフィリピンのシブヤン海峡で、空からアメリカ軍機の攻撃にさらされて、『武蔵』が沈められ、『大和』が生き残って、沖縄へ向けて出撃したことは、天啓のように感じます。もし、シブヤン沖で『大和』が沈み、『武蔵』が沖縄へ向かったとしたら、戦艦『大和』の最期が、神話として語り継がれることがなかった。

私は日本の和の心が、世界に広められることによってこそ、恒久平和がもたらされると、信じています。『大和』の出撃は象徴的な意味があり、人類平和の祭壇に捧げられたものでした。

植田　『大和』の精神がアジアを解放し、今日の人種平等の理想の世界をもたらしました。

そういえば、軍歌『海ゆかば』は八世紀（奈良時代）の歌人、大伴家持のつくった、万葉集巻一八の日本の防人《さきもり》の歌ですが、胸を打ちますね。加瀬英明氏が、ロンドンで出版された英文の著作『KAMIKAZE』の中で、『海ゆかば』を美しく訳しています。

If you go to sea,
Your corpse will be brine soaked,
If duty calls you to the hills,
Your pall will be mossy green:

If I perish for the glory of our sovereign
I shall have no regretts.

海ゆかば　水漬《みづ》く　屍《かばね》
山ゆかば　草むす屍
大君の　辺《へ》にこそ死なめ
かへりみはせじ

ストークス　あまりにも流麗で、驚きを禁じえません。

加瀬さんの本は、ウィンストン・チャーチルの出版社だったことで有名なロングマン社から、出版されていますね。

加瀬さんの英文も、美しい。大義に命をささげる、そんな日本人の持つ美徳に、私は心をゆさぶられます。

植田　「和」と、「徳」は日本の宝です。
あえて言えば、大和は日本の国号であり、東條英機首相の辞世の句である、「さらばなり苔の下にてわれ待たん　大和島根に花薫《かお》るとき」、また、明治維新を実現した、伊藤博文、高杉晋作、久坂玄瑞《くさかげんずい》らの師であった吉田松陰は、「身はたとひ武蔵の野辺に朽ちぬとも　留めおかまし大和魂」と、大和の国、日本に誇りをもって、日本の未来に夢を託して殉じている。私たち日本人は、先人達の積み重ねてきた、歴史、伝統、文化、精神を顧みて、日本の正気をとりもどさなければなりません。

ストークス　この国は、優秀な白人が、他のどの人種よりも良い待遇を受けるというような社会とは、まるで違います。もっとも、ガイジンに弱い面もありますが……。

植田　日本では古代から夷神《えびすがみ》とか、外来神とかいって、はるか南の海から流れてきたような椰子《やし》の実のように、海の外からやってきた人や、文物を珍重するんです。

ストークス　日本では、どこにいっても笑顔でもてなされます。こういうおもてなしが、海外ではないのです。いらついた様子で対応されたり、日本と実に対照的です。

植田　おもてなしという言葉は、二〇二〇年の東京五輪・パラリンピックを招請するために、盛んに使われましたが、おもてなしはいわゆるギブ・アンド・テイクのサービスと違い、心からほとばしりでる無償の精神的なものです。

ストークス　日本がナンバー・ワンだと、私は確信しています。そのことに、一票を投じます。私は、行動でそのことを示すつもりです。五十年も、日本に住んできました。私の周りの友人皆が、私がそうすると思っています。そう行動してきました。

ここが共通するイギリス人と日本人

植田　日本の女性は、夷神が好きなんじゃないですか（笑）。

日本とイギリスは、ともに大陸から朝鮮海峡、イギリス海峡、ドーバー海峡を隔てた島国ですが、大陸の人々と違って島国ですから、国民性に共通するところが多くありますね。

イギリス人も、日本人も、海原の民ですから、大陸の民のように、つまらない理屈を振り回さない。

プラグマティック—実利的です。船底一枚下が海ですから、屁理屈をこねていられませんね。

大陸ではドクトルという博士号が幅を利かせますが、日本とイギリスでは理科系以外、博士号は尊ばれません。韓国人は学位や肩書を崇拝します。死んだ時に、何と棺の上に、学位や肩書を書いた紙をのせる習わしがあったんですよ（笑）。

日本では医学、理工系を除いて、博士という称号を持っていると、まあ医者はほとんどの人が博士号を持っていますが、学者は例外として、就職できなかったために大学に残ったか、変わり者ぐらいにしか思われませんよ。イギリスのジェントルマンは、学歴とも関係ないですね。

ストークス　イギリスといえば、ジェントルマンの国という印象があるようですが、ジェントルマンは、階級の外に存在してきたという、大きな特徴があります。

ジェントルマンはイギリス独特のもので、貴族よりも上におかれて尊ばれています。貴族は、国王によって叙爵されれば、誰でもなれますが、国王はジェントルマンを作ることができないからです。

「ジェントルマン」という言葉は、十四世紀に入るころから用いられるようになりました。ジェントルマンは融通無碍《ゆうづうむげ》な存在でした。貴族はノーブルマンと呼ばれてきました。

ところで、イギリスの階級社会は、血筋だけによるものではありません。昔からイギリスは、ヨーロッパ大陸の諸国よりも、垂直的な流動性がはるかに高い。日本も、中国や、韓国と比べて同じことがいえます。

サッチャー元首相のことは、前述しましたが、ジョン・メジャー元首相がそのよい例を示しています。

メジャー元首相は、ロンドンのイースト・エンド（ロンドン東部の庶民街）の貧しいサーカスの綱渡り芸人の子であり、中学しか出ていません。

ベンジャミン・ディズレーリは、貧乏文士のユダヤ人なのにもかかわらず、ビクトリア女王時代に、二期、首相に就任し、叙勲され、近代保守党をつくった大物政治家として名をとどめています。

さらに、ロイド・ジョージ（一八六三〜一九四五年）は、一九一六年から七年にわたって首相を務めましたが、孤児として生まれ、貧しい靴の修繕屋の叔父の手で育てられました。

一九二〇年代と三〇年代に、二期、首相を務めたラムゼイ・マクドナルドも、魚の行商で暮らす母親から、私生児として生まれています。

現在も、恵まれない家庭に生まれた、公立学校の卒業者は少なくありません。

ビクトリア時代から、イギリス社会が、ヨーロッパ諸国で想像もつかないほど、流動性が高かったことを示しています。

植田　夏目漱石が『倫敦《ロンドン》消息』のなかで「英国には武士という語はないが、紳士という言《こと》ばがある」と述べていますね。

イギリス人も、日本人も慎み深い。はにかみます。イギリスでは「アンダーステイトメント」と言いますが、日本人も話すときには、同じように控え目ですね。大陸の人々のように、大袈裟な身振りや誇張を嫌います。イギリス人も、日本人も、謙虚であることを、美徳としています。

ストークス　また、ジェントルマンは、決して人前でむきになったり、感情を露わにしません。人前で、泣くこともない。それは、恥ずかしいことだからです。イギリスは恥（シェイム）の文化なのですが、この点で、日本の社会とよく似ていますね。

イギリスのジャーナリストで劇作家のリチャード・スティール（一六七二―一七二九）は、「ジェントルマンは、その人の置かれた境遇ではなく、その人の振る舞いによってなる」と、述べています。

イギリスの女性は、ジェントルマンを映す鏡であって、ジェントルマンに対応して慎み深いところが、古い日本女性に似ていますね。

ユーモア感覚――イギリスと日本は共通項が多い

植田　日本人とイギリス人の共通点をもう一つあげれば、ユーモア精神がありますね。

イギリス近代文学の代表的な作家であるアーサー・ケストラーが、ブリタニカ百科事典に『ウィットとユーモア』と題する項目を寄稿していますが、このなかで、日本人のユーモアとウィットを激賞しています。

ケストラーはこのなかで、他のアジアの笑い話は一つとして取り上げていませんが、江戸時代のおもしろい小噺《こばなし》を、いくつか紹介していますね。

ストークス　ユーモアについていえば、イギリス人はことさらにユーモアを重んじますね。

ウィットやユーモアの精神は、しっかりした自分を持っているとか、権威に盲従しない、不遜である、公平に物事を見られる、ゆとりがある、悪戯《いたずら》っぽいとか、天の邪鬼である、ということに通じます。

植田　ウィットとユーモアは、日本では機知と訳されていますが、即興的なものでなければなりません。機転が利くことが重要です。

ドイツ人やスイス人、北欧のスカンジナビアの人々は生真面目だから、ユーモアの資質を欠いている。

アメリカ人にはユーモア感覚がありますが、多分にユダヤ人の影響を受けているので、毒気があって、重苦しく響きますね。

その点、イギリス人は、楽しく混ぜ返すのが上手ですが、セルフ・エフェイシングというのですか、自分自身を傷つけるようなユーモアを言って、相手を安心させるような優しさがありますね。

ストークス　イギリス人は、ライ・ユーモア（辛辣な冗談）というものを持っています。イギリスの宝と言ってもいい。ユーモアを、互いにやりとりします。イギリス人は、用心深いんです。日本人と同じように、勝ち誇ったり、自信満々に振る舞ったりしません。

日本人も、素晴しいユーモアのセンスを持っています。表面的にはユーモアがあるようには見えなくても、ユーモアがある。日本人にユーモアのセンスがないと言う人は、日本人をよく知らない。日本人のなかにも、そう思っている人がいますね。

日本人のユーモアは、芸術でも表現されます。これも日本の宝ですね。能の狂言が、よい例ですよ。

植田 チャーチルは多くの至言を残していますが、「座ってよい状況のときに、立つな。横になってよい状況のときに、座るな」と、私のような怠け者にとっては箴言《しんげん》ですね。

チャーチルは胆力があった。酒を過ごすことが多かったので、クレメンタイン夫人から、ストレートで飲むことを厳しく戒められていたので、水に見せかけて、ジンをグラスになみなみと注いだうえで、ベルモットのボトルを力一杯睨みつけてから、心のなかでマティーニとして混ぜて飲んだ（笑）。

ユーモア精神は、ゆとりによって支えられているものですね。私も愛妻から、「お酒を少し控えて下さい」といわれていて、家だと外にいる時のように飲めないから、チャーチルの真似をします（笑）。

ストークス　ケストラーは、植田さんの愛読書の『ダークネス・アット・ヌーン』（『真昼の暗黒』）で有名ですが、ロンドンにいる時に、日本人と接する機会があったのかも知れないですね。シャイだけど、ユーモアのセンスがある。日本人には自分たちのユーモアのセンスを、もっと広めて欲しいですね。

日本は異質なものまで受け入れ、昇華して独自の文化を育んだ

植田　馬の全身像のポートレイチュアは、イギリスで生まれたものですね。ユーモア感覚で言えば、イギリス人と馬は、切っても切れない縁がありますね。王室もそうですが。

第一次大戦に戦車が初めて登場したとき、イギリスの騎兵部隊の将軍が、「将来にわたって、戦車を馬に置きかえることは絶対にない。戦車はスポーツに使えないから」と、軍の公史にも記録されていますね。ストークスさんは、三島由紀夫先生と一緒に剣道の稽古をされたということから、長時間、正座することができるんですね。みなさん、吃驚《びっくり》しますね。

もっとも、日本人が茶の湯（ティセレモニー）であれ、剣道、柔道、杖道などであれ、膝を折った上に体を落として、正座をするようになったのが、江戸時代に入ってからのことですよ。それまでは、当時の絵を見ると、茶道、武道をはじめとして、胡座《あぐら》を組んでいました。

江戸時代に入って、二百六十年も泰平、平和の世が続いたので、武道はことさら形式にとらわれていました。とはいえ、術と精神を磨くことが疎かにされていたわけではありません。いつでも戦える態勢を整えていました。

徳川幕府が成立してから三十数年後に、天草の乱（島原の乱）として知られる、江戸時代の唯一の戦いがあって以降、一度も戦いはなく、平和が続きました。そのために武を中心とする時代から、文への時代へと続きました。武士は行政官に変わりました。武が去って、日本は文の国に変わったんです。

剣道でも空手道でも、勝ち負けを考えるな、心を無にして戦えと教えます。弓道に至っては、心を空にして、「的を狙うな」と教えるんですよ。いわゆる心眼ですね。

ストークス　西洋人には、とうてい、理解できませんね。西洋人は戦っている間は、一瞬いっしゅん勝とうとします。もっとも、弓道だけではなく、日本の武道は禅と結びつきましたからね。

植田　日本はあまりに長く平和が続いたために、武道はもっぱら、精神の鍛練に重きが置かれるようになってしまいました。時代が実戦を必要としませんでしたから。しかし、日本人の心のなかには武士道の精神は生き続けています。皇室と、神道と、日本刀は一体のものです。武の心が日本を守っているのです。

私は青春時代に、柔道も空手もかじりましたが、熱中したのはレスリングでした。レスリングのほうが、体ひとつで闘うので、人生の現実にはるかに近いです。

ストークス　三島さんは、古代ギリシャの理想の青年像に魅せられていました。

植田　三島先生は和魂洋才の人で、古代ギリシャに憧れられていた。和魂洋才という意味では、明治以後の日本人ですね。ギリシャ彫刻のアポロンのような肉体を求めて、日々鍛練に努められましたね。しかし、三島先生の幼少から若いころの写真を見ると、青瓢箪《びょうたん》というと、顰蹙《ひんしゅく》を買いますが、頭が大きくて、色白な虚弱な体形でした。

三島先生の理想とする心と身体像は、肉体と精神の一致でした。

〝詩人の顔に闘牛士の体〟でした。

ストークス　いや、世界のどの国の文化をとっても、例外なくハイブリッドです。日本文化は世界のなかでも際立った、ハイブリッドですよ。それでいながら、純粋な芯がある。

植田　日本は西洋からは極東《ファーイースト》にあって、文化が行き止まるところ——吹き溜まりなんです。絶東の国です。イギリスのブリテン島はわれわれからいうと、ファー・ウエストですか(笑)。日本は、島の外から来る文物を次々と摂取して、豊かな日本文化を育んできました。

十二支も、もともとペルシアが発祥地で、やはり中国、朝鮮半島を通って、日本に伝来しました。しかし、日本には豚がいなかったから、猪になった。それでも、明治以後にトンカツという、日本独特なハイブリッド料理を創作しました。ストークスさんの古巣の、ホテル・オークラのカツ丼は絶品ですね。今度、機会をみて、テイクアウトして差し上げましょうか。

ストークス　最新のメニューでしょうか。楽しみにしています（笑）。

中国の文化も、もちろんハイブリッドですが、自分の文明がどこよりも優越しているという、傲慢な中華思想を信奉していますから、外来文化を見下して、日本のように喜んで取り入れることをしない。

韓国は歴史を通じて、中国を師の文化として仰いできましたから、中国と同じですね。

日本が太古の時代から受け継いできた和の文化は、異なったものを消化して、自分の力にしてきました。だから、今日があるのです。

島国にはハイブリッドの文化が醸成される

植田　日本とイギリスは、同じ島国の文化ですから、よく似ていますね。外来文化に対して、寛容です。

英語をとると、日本語と同じようにハイブリッドで、外来語のカクテルですね。固有の古い英語に、ギリシア語、ラテン語、ノルマン来寇《らいこう》のフランス語が混じって、英語を豊かなものにしていますね。日本語と、新参者の漢語の関係にそっくりです。

ストークス　島国の国民だという観点で言えば、イギリス人も日本人もシャイで、注意深く、節度があり、極端に開放的でない面がある。この点は共通しています。

島国に住んでいると、侵略者によって、島ごと占領されてしまうリスクがある。海がありますから、侵入は困難という一面がある一方で、島国の国民は逃げ場がない。

ですから、イギリスの場合は、周囲の海をよく監視するという、歴史体験にもとづく習性がある。日本も元寇などの脅威があって、大陸との対峙は歴史的なものでした。

日本の場合は、つねに「北の脅威」があった。これは、基本的な防衛意識でしょう。日本も、イギリスも、大陸からの進攻に対する、同じような防衛意識がありました。

しかし、一方で島国は周囲を海に囲まれ、陸続きではありませんから、大陸の国々とは異なり、海によって守られてもいました。自然が、防衛の一面を担ってくれている。この点は、城壁を巡らし、敵の進攻から都市や国を護るというような大陸型とは、違いもあります。

島国は、周辺海域をつねにパトロールして、守る必要があります。

ハイブリッドという観点ですが、島国は独特の文化を醸成できるんですね。大陸だと、文化は流れてゆきます。文化が他国から入ってきやすいでしょうが、出ても行きやすい。

ところが、島国に外から文化が入ってくると、狭い国のなかで、住み分けるか、溶け込むかして、共存しなければならない。そうした環境で、異文化が、既存の文化とまざりあうようになるのでしょうね。まあ、坩堝《るつぼ》のなかに入って、混ぜられるような側面もある。

アメリカを巨大な島ととらえる人もいますが、あそこまで広いと、それぞれの流入文化がコミュニティーを作って、住み分けられるけれど、日本や、イギリスの場合は、そこまで国土が広くない。島ですからね。

日本は日本を取り戻せ

植田　日本文化の際立った特色をあげれば、人と人とのあいだの和と、やさしさをあげることができますね。

日本には歴史を通じて、ヨーロッパや中東において、同じキリスト教や、イスラム教の間でもみられてきたような、宗派による抗争と大量の流血が一度も起こっていません。

日本人は、対立することをことさらに嫌って、譲りあってきましたね。だから日本人の間には、他国でみられない一体感があります。

国歌『君が代』は、十二世紀はじめの『古今和歌集』にのっている和歌ですが、そこにうたわれているように、細《さざ》れ石が固い巖《いわお》となる国柄です。百二十五代にわたって天皇を戴いてきたのも、和の心、和の力によるものです。

しかし、現在、日本では「君が代」を学校の卒業式で歌うか歌わないかで、騒動になります。国に対して、誇りと敬意がない日教組の影響でしょう。先生が国歌斉唱を拒否して、起立もしない。国旗に対する敬意もはらわない。そんな国がどこにありますか。自国の国歌なのに、歌うことに抵抗する人が多くいるんです。日の丸の国旗もそうです。昔は国民の祝祭日（旗日）には、家々の門に日の丸を掲げたものでした。いまは少し良くなりました。

ストークス　学校教育で、しっかりと国歌を教えないというのは、とんでもないことです。奇妙奇天烈な状況です。最近、状況は良くなっていると聞いていますが。国歌を歌うことを恥ずかしがる必要など、まったくないのです。

他の国はどこでも、国歌が演奏されるとか、国歌を歌えるのは、喜びです。それだけ、一国の独立を大事にしているんですね。

日本は占領政策のためでしょうが、それを悪用して、日本人の精神を骨抜きにしようとしてきた左翼の策略が効いたんですね。日教組がその元凶となった。

君が代は、すばらしい国歌です。私は君が代を聴くたびに、涙がこぼれそうになります。これほど平和な国歌はない。他の国の国歌は、もっと戦闘的です。

アメリカの国歌は戦争の歌ですし、フランスの国歌「ラ・マルセイエーズ」は、「敵の血を川のように流せ」と歌う、恐しい歌詞ですね。国歌を歓喜して歌い、誇りを持って国旗を掲げることのできる日本人にならなくてはいけない。

いまの日本に求められているのは、日本を取り戻すための、行動をする人ですね。傍観する人は、内なる敵に手を貸しているといえます。

トーマス・マンは二十世紀の偉大なドイツの作家ですが、ナチス・ドイツからアメリカへ亡命した時に、「あまりにも多くのドイツ人が、ヒトラーがのさばってゆくのを、傍観していた。『ノー』というべき時に、『ノー』といわなかったからだ」と、嘆いています。

植田　日本では先の敗戦がもたらした、アメリカによる占領の後に、WGIPによる洗脳工作で、ナショナル・アイデンティティが大混乱して、失われるようになりました。三島先生の死は、生命を捨てることによる抗議でした。

それでも、いま、安倍首相が登場して、「戦後レジームからの脱却」、「日本らしさ」を、合言葉として掲げて、日本へ回帰しようとしているところですね。

ストークス　いま、日本がようやく日本を取り戻そうとしているのです。

解説―植田剛彦氏とヘンリー・S・ストークス氏のこと

米カリフォルニア洲弁護士
ケント・ギルバート

私は今から四十六年前に、「末日聖徒イエス・キリスト教会」の若き宣教師として日本にやってきた。

私たちの教会は、「モルモン」として知られるが、修業と福音を広めるために、十九歳になると、国内外に赴任することが名誉とされている。

私はブリガムヤング大学二年生の時に、日本に赴任することになった。日本を訪れる前に、日本について学んでいたが、到着してみると、初めて体験することが多く、戸惑うばかりだった。

後年、植田剛彦氏と知己になり、植田氏が私のよき指南役となって、私の蒙を啓いてくれた。

私は英語遣いを自認して、国際人に憧れている日本人を信用しない。そのような人は、西洋についても、日本についても、浅薄な知識しか持っていない。本来、外国語は、外国人と意思と心を通わせる道具であるはずなのに、道具によって、振り回されている。西洋人に媚びることによって、国際人になれると錯覚している。

植田氏は本書を読んでも、深い国際教養の持主である。ところが、それをひけらかすようなところがまったくない。私は植田氏と親しくするうちに、日本人は強い者ほど、謙虚になることを学んだ。

植田氏は日本の愛国者である。私はアメリカを愛し、アメリカ人であることに誇りを抱いているから、親しい友人として、小気味がよい交わりが続いてきた。大和魂とアメリカ魂の交際だ。

植田氏がジャーナリストとして多忙を極めるなかで、しばしば、ボランティアとして働いて、よりよい社会と世界を作るために大きく貢献してきたことに、敬服している。

植田氏は、北朝鮮による拉致事件の解決にも、情熱を燃やして、取り組んできた。アメリカで二〇一一年に、北朝鮮による、多国間にわたる拉致犯罪について調査した、分厚い報告書が発表されたときに、日本で著名な出版社に日本語版を訳出するように説得し、自ら翻訳の監修者になることを引き受けた。

この本『ワシントン北朝鮮人権委員会　拉致報告書』（自由社、二〇一一年）は、北朝鮮が二〇〇四年に、アメリカ人青年のデイビッド・スネドン氏を、中国雲南省シャングリラで拉致した疑いがきわめて濃いことをとり上げているが、植田氏が身銭を切ってデイビッド・スネドン青年が住んでいたユタ州の州都ソルトレークまで飛んで、両親にインタビューした。この時、私は植田氏に請われて、ソルトレークまで随行した。私は、両親が植田氏に深く感謝するのに立ち会って、胸を強く打たれた。

私はヘンリー・S・ストークス氏が、『ニューヨーク・タイムズ』『ロンドン・タイムズ』などのアジア特派員として活躍してきた、大記者であることをもちろん知っていた。植田氏がストークス氏の三島由紀夫氏の生涯と死について著した『The Life and Death of Yukio Mishima』(Cooper Square Press) 日本語訳『三島由紀夫　生と死』(清流出版)の原書を贈ってくれたのを読んで、感銘を受け、ストークス氏に注目してきた。

この、ストークス氏と植田氏の対談の本は、日本と西洋の文化について、造詣が深い二人の教養人が日本の過去と未来、日本が現在直面している国際的な障碍について、余すところなく語ったものになっている。

私には教えられるところが多かったので、知的な興奮を覚えながら、読んだ。この感動を、多くの日本人読者と分かち合いたい。

日本は隘路《あいろ》にはまっているように見えるが、この優れた対談の本が、混沌とする世界のなかで、日本の行くべき道を模索している、多くの日本の志ある人々によって読まれることを、強く願いたい。

【著者略歴】

ヘンリー・S・ストークス　Henry Scott Stokes

1938年、英国生まれ。61年、オックスフォード大学修士課程修了後、64年、来日。『フィナンシャル・タイムズ』初代東京支局長、67年、『ロンドン・タイムズ』東京支局長、78年、『ニューヨーク・タイムズ』東京支局長を歴任。三島由紀夫と最も親しかった外国人記者としても知られる。著書に『三島由紀夫　生と死』(清流出版)、『なぜアメリカは対日戦争を仕掛けたのか』(祥伝社新書、加瀬英明氏との共著)、『英国人記者が見た連合国戦勝史観の虚妄』『英国人記者が見た世界に比類なき日本文化』(祥伝社新書)、『外国特派員協会重鎮が反日中韓の詐欺を暴いた』(悟空出版)、『英国人ジャーナリストが見た現代日本史の真実』(アイバス出版)、『戦後70年の病根を検証する　連合国戦勝史観の徹底批判』(自由社　藤井厳喜氏との共著)、『戦争犯罪国はアメリカだった』(ハート出版)

【著者略歴】

植田　剛彦　うえだ　たかひこ

評論家、ジャーナリスト。1945年、甲府市生まれ。マスコミ研究会代表。報知新聞社、国際ニュース『ニューストラック・ジャパン』編集長などに就任後、執筆活動に入る。海外に多くのパイプをもち、海外取材や外国要人のインタビューを数多く手掛ける。特に韓国・北朝鮮に精通しており、著書『在日韓国人の底力』は韓国語にも翻訳された。韓国で出版された単行本もある。主な著書に『第二次朝鮮戦争』、『在日韓国人の底力』、『不屈の在日韓国人』、『北朝鮮の交渉戦略』総合監修、『拉致と朝鮮総連』総合監修、『不死鳥の国ニッポン』編著（以上、日新報道）、『驚愕！「亡命半島」の真実』（黙出版）、『北朝鮮最期の選択』編著（講談社）、『ワシントン北朝鮮人権委員会「拉致報告書」』監修（自由社）、『長嶋茂雄の挑戦　部下を動かす』（小池書院）、『目覚めよ！日本』（日新報道　ヘンリー・S・ストークス氏との対談）

【編集・翻訳者略歴】

藤田　裕行　ふじた　ひろゆき

1961年、東京生まれ。ジャーナリスト。上智大学外国語学部比較文化学科中退。著書に『国体の危機』（アイバス出版）、訳書に『情報立国』（NTT出版）、『ギングリッチ』（総合法令）、『なぜアメリカは対日戦争を仕掛けたのか』『英国人記者が見た連合国戦勝史観の虚妄』『英国人記者が見た　世界に比類なき日本文化』（祥伝社新書）、『人種戦争—レイス・ウォー』（祥伝社）、『代表的日本人』（アイバス出版）、『戦争犯罪国はアメリカだった』（ハート出版）、などがある。

本書は
『目覚めよ！日本』（日新報道２０１５年1月刊、ヘンリー・ストークス、植田剛彦著）を
底本として、大幅に増補改訂し、改題したものです。

日本が果たした　人類史に輝く大革命

――「白人の惑星」から「人種平等の惑星」へ

平成29年4月 8日　初版発行
平成29年8月15日　2刷

著　者　ヘンリー・S・ストークス／植田 剛彦

発行者　加瀬 英明

発行所　株式会社 自由社
〒112-0005 東京都文京区水道2−6−3
TEL 03-5981-9170　FAX 03-5981-9171

印刷製本　シナノ印刷株式会社

ISBN 978-4-915237-99-7　C0021

URL http://www.jiyuusha.jp/
Email jiyuuhennsyuu@goo.jp

対談シリーズ

本体価格：各 1000 円

四六判　172 頁

ISBN978-4-915237-94-2

日本の危機は、吉田茂に始まる！

＊吉田茂は傲岸不遜、アメリカ人を呑んでかかっていた。

「日本は敗れたが、ヨシダは敗れていなかった」と言わしめた。

＊「日本国憲法」は占領中にアメリカがやった大失敗

＊憲法前文の「平和を愛する諸国民の公正と信義に信頼してわれらの安全と生存を保持」を守れば、中国・北朝鮮などに安全を委ねることになり、自衛隊は不要、国は滅びる。

＊戦争に巻き込まれることを想定していない現実離れした憲法の下、反軍、平和主義の国民感情が醸成された。

四六判　204 頁

ISBN978-4-915237-96-6

日本と世界への透徹した視線

周辺に危険きわまる国々があり、緊迫の度を増す国際情勢——

なのに、近現代の外交は目を覆わんがごとき大失態の連続。

「南京虐殺」「従軍慰安婦」「尖閣諸島」「竹島」「北方領土」「拉致問題」

——大ウソのプロパガンダに屈し、進展が見られない。

国家の運命を左右する重大な外交を、ふがいない外務官僚に任せておけない。

日本の生存のために、知恵と胆力に満ちた外交力が、是非とも必要だ。